關係免疫力

哈佛心理學家教你建立有韌性的人際關係，
有效修復情感裂縫

GETTING RELATIONSHIPS RIGHT

How to Build Resilience and Thrive in Life, Love, and Work

by MELANIE JOY

作者——梅樂妮·喬伊
譯者——梁郁萍、劉宗為

獻給那些正在努力使關係成長的人們，

你們讓世界更加緊密相連。

也獻給我摯愛的丈夫，

瑟巴斯丁．喬依（Sebastian Joy），

他在我們伴侶關係中施展魔法，

讓我永保幸福。

Content 目次

推薦序

與其做個人氣王，不如經營有意義的關係連結

陳志恆（諮商心理師、心理講師、暢銷作家，著有《此人進廠維修中》、《受傷的孩子和壞掉的大人》、《擁抱刺蝟孩子》、《正向聚焦》等暢銷書）

長期從事青少年的輔導諮商工作，常有帶著煩惱前來的孩子問我：「該怎麼樣才能受歡迎？」他們渴望被同儕喜歡與接納，而我總想知道：「那麼，你現在的人際關係，怎麼了呢？」

有些人告訴我，他們被好朋友背叛；有的被同儕孤立排擠；有的是不知道如何融入群體中；有的則是和好友或戀人發生衝突。總之，人際關係的大小問題，總是深深困擾著他們。

然而，不管人際困擾的根源是什麼，常能發現許多人有著不切實際的期待：「我需要成為受歡迎的人」。彷彿，只要足夠受歡迎，就不再需要擔心被人背叛，就永遠不會受人排擠，就不會與人意見不合、口角衝突，甚至，不需要主動做些什麼，別人就會邀你融入群體。

我得說：「你抓錯重點了！」

不只是青少年，不少成人也有這樣的迷思。好像學會各種討人歡心的招式，最好成為人氣王，就能免於被孤立，且能為人生加分許多。事實上，真正帶來幸福的，不是你有多受歡迎，而是，有能力與他人經營有意義的關係連結。

我曾經在《此人進廠維修中》一書中提到，有意義的關係連結指的是，人我之間存在著深層關懷、陪伴與支持的關係形式，不論是親情、愛情或友情。而要判定這段關係是否為有意義的關係連結，可以從對話內容得知。若談論的話題大多屬於個人化議題，如個人的感受、信念、觀點、願景、期待、決定……等，這樣的關係互動就會越有意義；如此，才可能從孤單中免疫，並在生活中感受到更多的幸福。

然而，要建立與經營有意義的關係連結，並不容易。因為，各種衝擊都有可能讓一段關係受損，再長久穩定的關係，都有可能因為一點小事而深陷危機。因此，我們真正要學習的，是讓重要的人際關係具有韌性，能因應各種關係中的挑戰，甚至在危機中學習與成長。

作者梅樂妮．喬伊是個心理學家，她在本書中提到，有韌性的人際關係由兩個成分組成，分別是「安全感」和「連結感」，這兩者越充足，關係品質就越強健，越有韌性。

就拿安全感來說，我想起一部有趣的電影《弟弟追著恐龍跑》（*My Brother Chases Dinosaurs*），主角傑克愛上了同學艾蓮娜，他向姨媽討教如何擄獲女孩的芳心，阿姨給他的忠告是：「永遠不要說謊！」

顯然，傑克搞砸了。他有個患有唐氏症的弟弟，他為此感到丟臉，於是欺騙艾蓮娜，他的弟弟過世了。當艾蓮娜發現真相時，兩人的關係陷入危機。

謊言是信任感的頭號殺手，而沒有信任感就不會有安全感。好在，當你及時且足夠坦誠時，可以適時地修復關係。因此，在有韌性的人際關係中，我們需要讓對方感到安心，你必須是個真誠且值得信任的人。

但這還不夠，我們自己也得擁有安全感。如果你在人際關係中總是焦慮不安，覺得自己隨時會被背叛、遺棄或厭惡，你只會透過不斷地猜疑、試探或討好對方，也可能一再尋求對方的保證，更會編織各種看似善意的謊言，到頭來破壞彼此的信任關係。

然而，你的不安全感，不一定來自於這段關係，而是與你過往的人際經驗有關，特別是，從小與主要照顧者之間的互動品質。若你在最弱小的幼年時期，曾經被自己最信任的人傷害過，那麼你在任何關係中當然都會感到強烈的不安；長大後，你也難以經營長久穩固的親密與家庭關係。

有許多人就是意識到這一點，而來尋求心理諮商的。若這項議題沒有被處理，不安的感受沒有獲得安頓，在任何關係中都無法自在。不只無法與他人展開進一步的互動連結，更可能弄得彼此都傷痕累累。

《關係免疫力》這本書，真是人際關係經營的最佳指南，有著豐富的理論與實證研究，深入淺出地探討人際關係經營的各個面向與挑戰，也同時告訴我們，面對彼此不同的價值觀、個性差異、衝突與關係危機時，該如何調整與改善。

正向心理學的研究發現早就告訴我們，健康正向的人際關係是一個人幸福感的來源之一。而比起如何受歡迎更重要的，是去探討與學習，如何讓一段關係更為強韌，讓關係中的彼此，都能夠因為這段關係的存在而獲益、成長並提升。

推薦序

讓心理裝備升級，用高解析度的畫面觀看關係議題

蔡宇哲（臺灣應用心理學會理事長、哇賽心理學創辦人）

每個人生命所重視的事物當中，一定有屬於人際關係的部分，包括親子、伴侶與朋友。每個人都會在一段關係中獲得溫暖、支持，但也會因為關係的衝突與破裂而受傷。要如何長久維繫關係，是每人都需要了解的課題。

人際關係的互動與聯繫其實很微妙，有時越親密反而越容易出現衝突。記得有一次要準備餵一歲大的小女兒喝奶時，老婆遞給我奶瓶時說了一句：「可能還有點燙，你等等試看看溫度合適了再給她喝。」我就問：「要怎麼知道溫度合適了呢？」老婆就有點不耐煩地回答說：「將牛奶滴一點在手臂上試。」這個方法我當然知道，但我的手背對溫度非常不敏感，試過幾次都感覺不出來，之前也跟老婆說過這件

事。因此當時對話完心裡很不愉快，覺得已經講過很多次，這種方法對我無效，為什麼還給這種建議。

不過當情緒稍過了之後，我腦子裡自動重播剛剛的情景，分析問題出在哪。我之所以不愉快，是認為之前已經講過，這種方式對我有困難，但現在又這麼建議，擺明了就沒有在意我之前說過的話。但退一步想，老婆講的每句話我都記得嗎？也沒有，我也許多次忘了她交待的事。那既然如此，我就不該要求她必須記得我說過的每件事。況且，人會拿自己的常用解決方案來給建議，這是再正常也不過的事了，所以剛剛獲得那樣的回應是理所當然的。

分析至此，就不再有什麼情緒了，轉而開始去思考要如何測試牛奶溫度的方法。許多研究發現，在伴侶關係中最常發生親密溝通偏誤（closeness-communication bias），就是「我們這麼熟了你應該都要懂」，但其實很多事雙方的認知都是有差異的。在維護關係上，必須要了解到這一點，才能夠不被生活中那大大小小的衝突擊潰。

在這本《關係免疫力》書中第三章就提到，關係中雙方必須坦然才會有安全感與連結感，而坦然並不是只有單向的誠實而已，還包含可以同理、了解對方的感受與觀點，才能夠在關係中獲得真正的坦然。就我上述的生活例子來看，在同理老婆的觀點後，就不會釀成衝突，而變為我的成長養分。

這本書對我來講，收穫最多的是對關係的覺察，裡頭很細緻地描述不同關係的構成與其背後的特性。例如當中談到，關係的情感連結分成八種向度，彼此會有相異之處。至此我恍然大悟，有些人正是把情感連結都當成一樣的，以情愛結合的情侶關係，在沒有磨合的情況之下就認為在知性、心理、現實與理念上也要都一致。但人是彼此獨立的個體，要八種向度都高度契合那是非常困難的。若無法理解並接納這點，那麼將無法終止持續尋找完美關係的旅程。

這本書前面幾章一開始讀來覺得理所當然不須多講，但隨著文字去細細思索並感受，最在意的那些人際關係是屬於那一種？我是否有了哪些不自知的偏誤？透過覺察自己現在的關係與維繫方式，可以有不少的發現，原來自己最原始的關係維繫方法是這樣啊，還有不少可以改善的空間。

我還非常喜歡書裡談關於「改變」的部分。個人是ｐｔｔ婚姻版的忠實讀者，那裡不斷地上演婆媳、夫妻、親子方面的問題，鄉民們很常出現一種建議，就是「還不快逃」、「儘早離婚比較好」。有些看起來確實狀況很糟，但很多卻是還有嘗試調整的空間，特別是關係的議題通常是兩人的想法與行為交織互動而成，不是單一方面的問題而已。但人們常常會出現一種「都是他的錯」的迷思，因此關係總是難以改善，甚至越演越烈。書中就提到，要改變關係必須要先接納，然後去理解背後的真實原因，否則只會落入各自有苦難言的困境。

透過細細思索書中對於關係的描繪，讓我對自己的人際關係越來越清晰，就好像是從ＶＣＤ的畫質變成４Ｋ高清那樣。

第1章
有長久而穩定的關係，才能擁有健康的人生

試著回想一生中最快樂和最悲傷的事，沒意外的話，應該都是和人際關係有關。找到人生伴侶，深感滿足和感恩；摯友在危機時成為你的浮木，給予支持與安慰；家人長年爭吵，令人精疲力竭，最終家庭破裂。

人際關係無論好壞，都對人生有非常深遠的影響。從出生那一刻起，人際關係設定好人生舞臺的開場與情節。不管人生經歷到哪個階段，關係都在持續發揮強大的影響力。研究顯示，擁有健康的人際關係，內心比較容易滿足。有穩定的伴侶、朋友、同事與家人，人生各方面都會過得比較順遂。他們活得又久又快樂，比較不容易有身體或心理上的問題，也比較容易達成生活目標。[1]當今世界上許多嚴峻的

局勢，例如戰爭和政治動亂，大多也是因為國際政治關係出了問題。

儘管人際關係在人生和世界局勢扮演非常重要的角色，大多數的人卻都沒有學過基本且有效的處理原則和技巧，所以最後總是互相傷害。有時我們出於一片好意，還是會傷害他人，通常還是最在乎的人。

為了自己、也為了生命旅途中遇到的人，我們應該做出重大的改變，也就是培養和他人相處的能力。如此才能大幅改善生活品質。更重要的是，我們因此能成為更好的自己，也有機會創造更好的世界。

具有韌性的人際關係，就如同身體擁有強健的免疫系統

人際關係就像身體一樣，會生病、也可以變得健康。只要有強健的免疫系統，遇上病菌侵襲時，就依然會頭好壯壯。同樣地，在人際關係中，要保持免疫系統強健，也要知道如何判別當中的病菌、找出外部壓力源以及有效的療法。

在人際關係中，免疫系統要強健，主要特色就是具備「韌性」(resilience)，也就是承受壓力後能恢復正常。韌性有兩個主要成分：安全感（security）和連結感（connection），這兩者越充足，關係就越強健，越有韌性。這麼一來，我們就更有

能力抵抗人際關係的病菌，如同免疫力強的身體能阻擋病菌，降低生病的機率。不論是身體或關係，遇上強大的病菌時，免疫系統難免會受損，導致身體衰弱或生病；性命可能喪失，人際關係也可能結束。

有許多病菌會威脅到人際關係的安全感和連結感，例如財務狀況、成癮、心理疾患或失業等。一旦我們懂得辨識和應付這些病菌，就能減少被入侵的風險。有一種類型的關係病菌特別容易在暗中作祟，就連心理專家也很難發現，我們終其一生無法察覺，也解決不了。它就是廣大社會體系所造成的心理社會（psychosocial）因素，它會不知不覺給個人帶來各方面的影響。

我們的想法、感覺和行為因此受限，彼此失去了連結，對自己感到陌生，也中斷和世界的溝通。這類型病菌的殺傷力太強，連最有韌性的關係也抵擋不住，本書有一章會專門討論。

互動是關係的基礎

只有互動才能建立關係。與人互動，就是和對方產生聯繫。所謂的人際關係，基本上是一連串的「身心互動」，也就是人與人之間一直有往來與接觸。有時我們就直接稱它為「人際動力」。我們幾乎隨時都在與人互動：買東西時跟店員講話、在社交媒體跟網友打筆仗以及和伴侶相處，甚至獨處時也在自我對話。人們一直處在各式各樣的關係中。

在一連串的互動中，每次接觸都提供了機會，以彌補缺乏安全感和連結感的相處關係。換句話說，何時改變和他人的連結互動，或是轉化關係的發展，都取決於我們的選擇。所以在日常生活中，每個時刻的互動經驗就像是訓練場，好讓我們學習發展韌性關係，成長為獨立的個體。

找出破壞安全感與連結感的因素，發展有彈性的互動技巧，有助於快速察覺與預防人際關係問題，並有效解決問題。不斷努力練習，我們就能做得越好，促成更有安全感的關係以及更有連結的生活。

四種關係，一種問題

以下幾則故事，呈現出關係中常見的問題。從表面上來看，這些故事各自呈現出不同的關係議題，但實際上大同小異。當中的主角都在乎彼此，但互動過程中卻適得其反，總是在傷害對方，最後每個人都越來越缺乏安全感與連結感。他們不知道要如何改進互動模式，因此無法建立有韌性的關係。

夫妻為何會成為最熟悉的陌生人

愛莉微笑著看外甥和外甥女在草地上追逐，不時傳出尖叫喧鬧聲。這是尋常的夏日歡樂場景，加上令人放鬆的喧鬧聲。愛莉的家族枝枒不斷擴散、成長，家人也都住在一起，她很高興自己是其中的一分子。

「我猜，她們接下來就會寫慰問卡片給魚缸裡的金魚了？」愛莉的哥哥取笑那些愛護動物的人，坐在野餐桌上的大人們跟著大笑。「你們能想像嗎？有些人真是莫名其妙，居然會同情別人的貓狗過世了，還有的人更奇怪，居然會問候別人家養的爬蟲類。」

聽到這番話，愛莉氣到腸子都打結了。她的丈夫泰倫坐在餐桌的另一頭，也跟著眾人哄堂大笑，這番景象更令她不能諒解。

「他怎麼可以這樣？」泰倫明明知道，她一個月前剛失去愛貓，到現在還難過不已。

愛莉心頭一沉，她以為在所有家人中，泰倫是最了解她的。

泰倫不是第一次傷害到太太，他老是沒察覺到愛莉的感受。而愛莉也已經和泰倫講過很多次，希望對方多留意她的感受，她以為丈夫不會再犯錯。她知道泰倫是個好男人，本性也很善良。但她每次要氣炸的時候，只能自己默默清出這些巨量的情緒垃圾。

愛莉越來越悲觀，她認為夫妻關係不能再這樣下去。泰倫從沒學到教訓，另一半的痛苦經驗被當成笑話，他居然沒有出聲反對。愛莉覺得好孤單，因為泰倫永遠也學不會考慮另一半的感受。

家人們妙語如珠，泰倫笑到彎腰，咳個不停。每次參加愛莉的家族聚會時，他一坐下來就會笑個沒完。這時他看到桌子的另一邊，正好對到愛莉的眼神。他心中警鈴大作，知道大事不妙，於是馬上收起笑臉。

愛莉那種表情是什麼意思，泰倫早就知道。只要她受傷、失望、生氣還有對人不信任，就會板起面孔。不過泰倫也很機敏，心裡馬上盤點起來，在這幾個小時的人際互動中，是不是有不小心說錯什麼話、做錯什麼事。

這次又犯了什麼錯？是不是沒有阻止愛莉的哥哥取笑她？泰倫覺得自己在配合現場氣氛而已，又沒有笑到多誇張，也知道愛莉還在愛貓過世的傷痛中。

泰倫很厭倦這種狀況：知道自己搞砸了，卻不知道究竟錯在哪裡。他覺得自己什麼都做不好，不論怎麼努力，另一半都不會滿意。反正他就是沒用。

愛莉和泰倫故意不看對方，只好看著遠方，心中卻隱隱作痛。

好朋友未必能成為好同事

「我受夠你這樣的工作夥伴！」傑瑞雙手拍桌，火速把他的文件塞進公事包。他不等馬克有什麼回應，就氣沖沖地走出辦公室，還大力甩了門，大步走向電梯。這棟建築的走廊又長又窄，跟監獄沒兩樣，很難讓人聯想到「自由」與「解放」。不過這裡的確是一個公民人權協會，在兩人五年來的苦心經營下，已然小有成績。

成立這個非營利組織前，傑瑞和馬克是志同道合的好朋友。他們有一致的社會觀點，也都想透過組織運動來成功改變社會。他們的行事作風不同，正好互補。馬克是生意人，資源上分配有困難時，他會負責扮黑臉。一有贊助單位退出，馬克就會終止當下的工作計畫，解雇團隊成員。傑瑞是公關大師，要做重大決定時，他會避免傷害他人，確保風險不會太大。也就是說，傑瑞負責扮白臉。

不過他現在覺得，自己根本是個濫好人。

長久以來，傑瑞總是不想傷大家和氣。每次意見不合時，馬克總會強勢地表達己見，傑瑞最後也會退讓。馬克總是有話直說，所以每次爭辯到最後，傑瑞都覺得精疲力盡，因為得試著保護自己和他人，才不會被馬克的言詞所傷。

政府最近砍掉給公民團體的補助，馬克提議，只要今年不發聖誕節獎金，就能彌補協會的資金缺口。馬克幹的蠢事夠多了，而這個提議是壓垮傑瑞的最後一根稻草，他內心再也無法冷靜下來。

傑瑞走出大樓時，雙手還在顫抖，會這麼生氣，他自己也很意外，沒想到自己會爆發出來。「羅馬不是一天造成的，」他心裡想：「我已經忍耐到極限了。」他知道自己應該說清楚講明白，可是他討厭衝突。每次他試著說出自己的擔憂，馬克沒在專心聽，顯然也不感興趣。他該怎麼辦？難道得求爺爺告奶奶，乞求馬克認真看待他的意見嗎？

傑瑞坐進車裡後，怒火才漸漸平息。他有氣無力地坐在駕駛座上，像個洩氣的皮球，怒火燒完後，悲傷的潮水開始湧上來。他和馬克創辦了這個協會，完成許多重大的工作，的確有一番成就。他們一起改變世界、讓社會更美好。傑瑞知道，單打獨鬥無法完成這些工作，兩人通力合作才能達成，如果沒有好夥伴，就無法好好照顧曾經來求助的人，也無法造福更多人。可是，傑瑞想不到兩人還有什麼辦法可以繼續合作。

傑瑞大力甩門後，馬克嚇了一跳，心想：「搞什麼鬼？」他看著傑瑞的背影在灰色的玻璃窗外逐漸消失，不知道為何傑瑞突然發這麼大的脾氣。馬克說，今年應該不會發放聖誕節獎金，畢竟政府砍預算，協會的財務陷入困境，恐怕還得裁員。馬克的工作是設法維持營運，確保每個重大決策都能顧全大局。聖誕節獎金無法發放，許多員工都不開心，但如果協會無法繼續營運，社會上會有更多人不開心。

馬克明白，傑瑞想要確保大家都不會受傷，也很欣賞他的同理心，雖然有時反而會妨礙協會的發展。傑瑞重感情，馬克比較理性。馬克認為，兩人個性上有這些差異，反而是合作的關鍵。他一直以為傑瑞也欣賞這樣的互補關係，尤其每次在熱烈討論後，都覺得更有行動的熱情，因此這段合作關係才有如此豐碩的成果。

馬克懷疑，難道傑瑞另有苦衷？是不是經濟上有困難，所以很需要聖誕節獎金。傑瑞找馬克聊了很多次，是不是想討論他個人的財務問題，所以才說「心裡面有些煩惱，想跟你聊聊」。馬克總是排除萬難、放下手邊的工作，想好好聽傑瑞講，但對方話說到一半就收回去，只說「現在不適合談這個問題」。難道情況還不夠嚴重嗎？或者傑瑞以為，兩人在討論的同時、自己還在想工作的事情，代表他不夠關心、不在乎問題的嚴重性？

無論如何，可以肯定的是，傑瑞長久以來對馬克不夠坦誠。也許為時已晚，也許得發生奇蹟，馬克才會再度信任傑瑞。

自戀母親對孩子的情緒勒索

山姆和媽媽珍妮去友人家作客。主人接待就座後，說是遲那是快，珍妮又開始滔滔不絕起來，數落前夫（也就是山姆的爸爸）最近又幹了那些壞事。兩個月前，山姆換了工作並且搬出去住，所以有一陣子沒見到母親了，但她一如往常。

時間沒有療癒珍妮的傷痛，她的痛苦反而不斷加深，傷口更加惡化，遲遲無法復原。隨著每次見面，她就越急著要跟山姆吐苦水，就像追熱飛彈一樣緊迫盯人。山姆是她唯一的希望，也在她個人的悲劇中同時扮演英雄和受害者。這些情緒始終都沒改變。

山姆的心理治療師說，他是「親職化」（parentified）的兒子，得扮演家長的角色，雖然他自己也不願意。不過，山姆不能再給母親機會了，否則兩人的關係持續反轉下去，他就真的變成她的爸爸了。山姆不愛聽這些心理學術語，但他也承認，治療師說對了一些事情。山姆的父母離婚快一年了。他也十分贊成這樣的決定，也帶領母親走完離婚的程序。但是她並沒有因此成長，還變得更加封閉、自我和孤立。

山姆知道他必須停止當母親的救星，但他就是忍不住。儘管珍妮有「自戀傾向」，但她還是自己的母親，無法在她需要幫助的時候袖手旁觀。沒有山姆，母親就永遠無法從丈夫的背叛中復原，無法度過人生的危機。有時珍妮沒那麼焦慮，山姆還是會負責她的起居，是個不離不棄的照顧者。

現在山姆和珍妮的聯絡沒那麼頻繁了，他卻依舊感到沮喪。他對母親的世界不再感興趣，對她的痛苦也比較無動於衷了。山姆覺得自己應該要更關心，但只要和她繼續相處下去，他就沒有空間做自己。

珍妮很難過，她心想：「我的生活正在崩解，連兒子也不關心我。他心不在焉，只是敷衍地跟我點點頭打招呼，難道我會看不出來。他根本不想來看我。」

她在沉澱的時候，總走在一條雜草很多的小徑上，而且每次都發誓下次要好好清掃一番。同樣地，她每次面對兒子時，也都會提醒自己，不要再把兒子拉進自己內心的黑洞中。但她還是對山姆很不滿，把自己痛苦都歸咎於他。她不是保護兒子遠離傷害，而是拉著他向下沉淪。

為什麼珍妮無法停止這樣的行為？明知道有正確的作法卻不去執行？她理想中的自己不是現在這樣，但那個目標彷彿在天上，看得到卻摸不到。

我們是好朋友，但觀念上越來越不合

「當年怎麼會做那麼愚蠢的造型？」莎拉咕噥著，把畢業紀念冊還給珍娜，照片裡有她們當年自以為傲的樣子；二十年前，「鯔魚頭」的髮型可是最前衛的。莎拉說：「當時我們腦袋裝了什麼？」

「什麼都沒有。」珍娜說，跟莎拉一樣覺得難為情又好笑。

珍娜正在準備兩人的午餐。她的廚房中島几淨明亮，莎拉坐在一旁的凳子上，沉浸在兩人共同的回憶中。那種懷舊的心情，好像即將沸騰的巧克力，邊融化邊冒著泡泡，散發又甜又苦的滋味。珍娜興高采烈地說：「我不能原諒自己。當年居然頂著那麼糟糕的髮型，穿著那一堆醜衣服，還過得那麼自在愉快，我想那時自己真以為自己是前衛藝術家吧。」

剛進入青春期時，看到穿著像男孩子的女生她們都很害怕，但熟悉了之後，她們反而越來越迷戀，最後成為她們中學時最難忘的回憶。談到這段往事，莎拉有點不大自在，當年她還一起排擠、嘲笑跟那些其他性向的同學，現在還有罪惡感。

莎拉對珍娜解釋很多次：「當然，七〇年代跟現代不一樣，當時的社會風氣不同。人們還不大了解多元性別的觀念，所以會隨意批評一番。但現在就不宜再說這些歧視的話了。」珍娜猜想，一直有人在懷疑莎拉的性向，所以那些貌似中立、但充滿性別歧視的話，搞不好也對莎拉造成嚴重的傷害。

「有這麼嚴重嗎？」珍娜問，她不慌不忙地在莎拉旁邊坐下。「妳不能否認，那些玩笑很有趣。還記得嗎？妳跟大家一起笑到不行。」莎拉的表情沒什麼變化，珍娜又說，「你不會以為我們在說妳吧？當然不是，我們是說潔西卡，就算不是同性戀，也是個怪胎。我意思是，想到那個不男不女的樣子，還是人家說的T，總之她穿的紅色、白色還有藍色的高跟運動鞋真是醜爆了！」

珍娜還是沒變。但過去五年來，莎拉已經比較有社會意識，知道有些笑話藏著偏見。她有些朋友的觀念也不大正確，只要話題轉到重大的議題，包括政治、價值觀、對世界的看法，對話內容便了無新意，最後還會吵起來。珍娜常常說出傷人的話，莎拉只好慢慢疏遠她。

兩人過去是形影不離的好麻吉，最讓莎拉最難過的是，雖然兩人比較少聯繫，但對彼此的感情還是很難割捨，畢竟十幾年的友情維持下去不容易，是難以取代的好友。但莎拉也不想在價值觀上妥協讓步，否則兩人的感情要如何維持下去，她也不知道，總覺得必須在理念和朋友之間做出選擇。

珍娜沒有發現莎拉的轉變。她們在中西部的小鎮一起長大，但莎拉搬去波士頓後，兩人每年大概只見個一兩次面。每次碰面，莎拉就會更加憂國憂民，嘴裡說的都是一些新穎、陌生的名詞。以前兩人有專屬於彼此的暗號，別人聽不懂，還以為她們有心電感應。現在她們談話的內容越來越沒交集。

珍娜覺得很奇怪，莎拉為什麼不直接說那些人是「同性戀」，反而用一個很難理解的字「非常規性別」（gender nonconforming）。難道是莎拉不敢面對自己的性向，所以才用那些時髦、高大上的術語？

不過，那些術語還不是最令人討厭的，珍娜認為更嚴重的是，莎拉已經變成一個難相處的人。她對莎拉的性向沒有意見，也不在乎其他人的性向是什麼。莎拉曾經花了很多時間，用簡單直白的說法跟她解釋性別議題，珍娜大部分也都同意。只是莎拉每次都是一副不耐煩的樣子，還說對珍娜的「鄉下人觀點」感到不以為然。

總之，莎拉現在很難聊，一不小心就會激怒她，很難溝通。

珍娜知道自己不太懂政治，不像莎拉那麼有社會意識，也知道自己常常說話不得體。但是，她又不是莎拉的政治對手，對老朋友不該那樣嚴厲。珍娜認為，兩人現在僵持不下、鮮少聯絡，莎拉要負很大的責任。

愛莉、泰倫、山姆，和上述故事中的其他人都處在極大的痛苦裡。他們也讓自己非常在乎的人感到痛苦——不是因為他們不善良或智慧不足，像大多數人一樣，是因為他們從未學習如何建立具有韌性的人際關係，包括基本的原則和練習方法，也從不知道如何協調彼此不同的需求和信念。[2]

不幸的是，在現實的教育體系中，我們被迫研讀一輩子用不到的複雜幾何學，卻從來沒上過一堂人際關係課，學會用自主且正向的態度與人相處。我們也沒學會如何與自己相處，但人應該要學會獨處的藝術，不論生活有沒有發生問題。[3]我們所學到的人際關係技巧，大多從父母或其他照護者，以及在大眾文化、電影中學到。他們所提供的範本大多不是很理想。事實上，我們所學到的相處方式都有問題，所以得花費許多時間、靠自己找出辦法解決，但往往造成內心更多傷痛。

愛莉、泰倫、山姆等人都想改善人際關係，跟家人、朋友、同事或伴侶相處更融洽。幸好，就算沒有按照標準程序，我們的人際關係也不會跌入谷底，也毋需不斷嘗試和犯錯。這是因為每個人都有潛力徹底改善人際關係，只需要學會一些基本的原則和方法，按部就班地建立健康的相處模式，就能培養「有韌性的關係」。

培養健康的人際關係

我希望這本書能成為全方位的指南，幫助讀者建立健康的人際關係。透過本書，人們可以學會如何建立更禁得起考驗的人際關係。我所列舉的原則和方法，都是參考自最新的相關研究。我整合了大量的資料，加上自己豐富的輔導與心理學研究經驗，才得出這些新見解。本書和其他同類型的著作不同之處在於，我不只列舉了人際關係中的心理因素，還特別指出，那些看不見的社會權力（social power），對彼此行為的影響更大、更深遠。此外，本書所探討的人際關係，不侷限於伴侶，還包含和家人、同事、朋友等熟識的人。我會以清楚又簡要的方式解釋相關的概念，並提供明確可行的建議。

對愛莉、泰倫、山姆來說，若能稍微改善互動方式，就可以改變關係的走向。

不管是哪一種關係，只要你願意主動改變相處方式，就能改變關係的發展走向。而且，你不必是專家，就可以有效改善你的關係，靠自己的力量就能夠成功。

理解書中的原則和作法後，就能建立起有韌性、又令人心滿意足的人際關係，為彼此帶來安全感與連結感。這是我們期待已久，也應該擁有的生活。

第2章 安全感與連結感是人際關係的穩定核心

人際關係健康、穩定又禁得起考驗，就能感受到安全感和連結感，因此培養這兩項特質十分重要。要維護連結感與安全感，首先要了解它們的本質與具體特色，包括它們的弱點、應該如何培養等等。如此一來，人際關係就能強健發展。

本章所列舉的基本概念範圍相當大。因此，為了保持內容簡單易懂、容易閱讀，本章分為兩部分，有些要點會反覆說明，因為安全感和連結感有許多特點和原則是相通的。

第一部：安全感

關係要禁得起考驗，安全感非常重要，雖然它不一定能帶來滿足感以及連結感，但的確是所有因素中最重要的。有了安全感，所有的關係問題都可以解決。事實上，根據最新的神經心理學研究，每個人都需要有親密的同伴，以維持自己的情緒穩定和安全感。[1]

若能信任對方，知道他真的處處為自己著想，總是會確保我們的身心安穩，我們就會有安全感。再者，對方會小心避免傷害我們的情感，也不會讓我們的身體受傷，不會違背我們的信任、侵犯我們的尊嚴，讓我們保有穩定的自我價值感。每個人都需要確認，對方是否支持自己，是否真心想要維護我們的身心安穩，也會看重我們的福祉。簡言之，每個人都需要感受到對方以誠相待，包括表現出核心的道德價值，尤其是慈愛和公平，這點我們將在第三章詳細討論。[2]

安全感不會憑空出現

不論是哪種人際關係，安全感都很重要，特別是有些關係很脆弱，比如密友、家人和伴侶，就更要用心維持。不過反倒是在親密關係中，我們最可能忽略對方，沒有保護他的安全感，所以對方一旦感到受傷，為了自保就會採取防衛姿態。我們總是以為，對方出現在自己生命是理所當然的，彼此互相依賴這麼久了，所以一定不會離開。但只要對方無法感到安心，信任感就會打折，安全感也會減低。

可惜的是，大部分人解決自己不安的辦法，就是威脅對方的安全感。許多兩性暢銷作家會煽動讀者去破壞另一半的安全感、讓自己保持優勢，如已讀不回、跟有好感的對象保持曖昧或是使出各種伎倆令對方不安。不只在兩性關係，其他人際關係也有類似的把戲和策略。然而，破壞對方的安全感，終究只會兩敗俱傷。除此之外，這種行為還違反了核心的道德價值，做人因此失去誠信。對方寶貴的自尊被深深傷害，安全感喪失，關係就此不再和樂。因此，人際關係會怎麼發展，全都取決於彼此如何相處。

有人選擇和你進入一段關係，可說是上天的恩賜，特別是伴侶關係，因為它非常容易受傷。這是個充滿苦難的世界，有心人濫用權力、社會競爭激烈，還出現許多身心的成癮問題。受大眾歡迎、報酬豐厚的，都是些自戀和自私的人。

在人生的歷程中，許多人的安全感都曾受過傷害，也只能帶著創傷繼續過下去。在這個世界裡，當一個坦然的人是需要勇氣的，因為那樣太容易受傷了。獲得對方的信任，不讓他們受傷，是一種美德和榮譽。若你重視這段難得的緣分，至少就要維持對方的安全感。

進入一段關係時，做出承諾、維持彼此的安全感，是雙方都同意的「協定」。這種「協定」通常不會明講出來，但雙方都預期對方會做到。一般來說，如果對方打從一開始就沒有要給你安全感，你大概也不會和他發展關係。

承諾就是進入對方生命的入場門票，沒有討價還價的餘地。只有每天努力經營，才能創造安全感，關係才能持續成長。有人以為維持關係不用努力，那就像是指望別人無償背著你前進。這些人總是在抗拒、抱怨，不想投入關係，也不想付出最基本的代價以創造安全感。但是我們必須體認到，安全感非常重要，它不會憑空出現。我們得做出承諾，努力做各種嘗試，才有機會創造令人滿意、安心的關係。只有這樣穩定的關係，才禁得起各種不可避免的挑戰。

我在書中列出許多練習方法，最重要的就是要做出承諾去維護彼此的安全感，明確說出來是個不錯的作法。向對方大聲說出，你會努力維持彼此的安全感，尤其在吵架的時候，因為雙方自我防衛會升高，很容易傷害到對方。不論雙方的歧見有多嚴重，都可以先達成協議，承諾找出解決方案、做出各種嘗試，讓彼此都能感到安心。當彼此都真心相信，對方會優先考量自己的安全感，在這個基礎上我們就能暢所欲言，不會感到受傷。

信任感是所有安全感的基礎

安全感必須建立在信任感之上，沒有信任感就無法發展安全感；缺乏安全感，關係就無法茁壯。它也是我們個人安全感的基礎；必須信任自己，在人生的旅途上才能感到安心。

有信任感，才能相信對方會坦承以對、言行一致，願意兌現已經承諾的事。有個簡單方法可以培養信任感：雙方要盡可能對彼此公開透明。有些人天生比較注重隱私，那就在個人容許的範圍內坦承以對，這也是不錯的作法。清楚了解彼此的狀況，不僅能培養信任感，感情也會更加密切。保持公開透明，也能避免對方的誤解，以為我們遮遮掩掩是有不可告人之事。

跟個人隱私有關的事情，我們可以放在心裡。但有些事情如果與他人有關，不說出來就會影響雙方的權益。在關係中有所保留，彼此就會產生猜疑和不信任。因此，主動告訴另一半自己的手機密碼，就好像在投資一大筆錢在「信任感公司」一樣，期待它能獲得更多。

信守約定也很重要。有些約定很明確，可以大聲說出來，如「我不會告訴任何人你的診斷結果」。有些約定則是約定俗成，不需要特別強調，例如伴侶不可以對彼此說謊、不可以暴力相向。大多數的關係約定都不需明說，人人都會以坦然的態度，發揮同情心、尊重彼此。

世界上有那麼多種社會關係，都是靠著信任感維持。社會上的來往都受法律和規範所約束，但即使是陌生人，我們也大多相信對方不會故意傷害我們，就算他們可以逃過法律的制裁。又比如說，我們相信收銀員不會多收錢，不只是因為他怕被抓到，也是因為不想做不正當的事。你也相信，幫你指路的婦人不會騙你，因為她不想做傷害你的事。簡言之，在大多數的人際關係中，儘管我們沒有明講，但相信對方都已經同意，會試著以同情心尊重彼此。

背叛就是被信任的人奪去安全感

一旦有人破壞約定，信任感就會隨之崩壞，另一方就會有被背叛的感覺。長久以來這麼相信對方，但他卻不守約定，在失望之際，就會覺得對方辜負了自己。

不管是至親或是陌生人，都可能帶給我們背叛的感覺。如果背叛你的是親密的人，而且破壞的是彼此的重大約定，我們就會覺得心如刀割，正如外遇會嚴重破壞伴侶的信任感。有些背叛是刻意去欺騙對方，但有些則是無心之過。

在一般生活中，大部分的背叛行為都不是那麼明顯，令人難以察覺，但隨著時間流逝，信任感會消磨殆盡。許多問題都是自己造成的，但總推託說沒時間好好處理。對方多麼期待關係有所改善，明知如此，但我們還是一再辜負他。對方只要一察覺到我們行為不合期待，信任感就會馬上崩壞，情感上的連結也會減弱。

例如先生下班後，馬上忍不住大吐苦水，抱怨他工作上的挫折，但這時妳心裡還在想別的事，所以只有稍微回應一下。加班時，太太要你打電話回家告知，以免家人擔心，你卻抱怨說這樣太緊迫盯人了。在沙發上，先生依偎過來想要抱住妳，但妳故意起身離開，因為妳還在為稍早的爭執鬧脾氣。不和伴侶分享自己的想法和感覺，對方就無從得知你究竟在想什麼，還以為你有所隱瞞。這些都是日常中小小的背叛，會一點一滴侵蝕彼此的信任感。

背叛是關係的毒藥，會腐蝕人與人交往的基礎。人們感覺被背叛時，不安全感油然而生。為了保護自己，信任感會慢慢下降，變得較有防衛心。我們會暫時與對方保持距離，不再付出感情。人一感到不安，就會將焦點放在自身，全力鞏固自己的安全感。一旦有人不再付出感情，另一方的安全感也跟著減低，也開始產生防衛心。雙方一來一往，陷入惡性循環。

人與人不是一建立關係就會有信任感，那得刻意創造出來，更需要時間經營。信任感一旦被破壞後要再重建，就得比當初花費更久的時間，如同上山比下山要花更多的時間和精力。因此，背叛跟許多人際關係問題一樣，預防遠勝於治療。只要一感到被背叛，我們就會馬上氣到爆炸，覺得自己受到不公平的對待。許多人在關係中受苦，就是因為信任感持續被挑戰，於是心中的怨氣經年累月不斷累積，本章後半部會深入討論。

背叛有時會給人帶來不可抹滅的傷害，導致對方罹患「創傷後壓力症」。創傷事件發生時，腎上腺素會飆高，大腦會進入「戰鬥、逃跑或僵住」的模式，最後留下各種回憶和詮釋，只要你一想起就會陷入其中。你會變得高度敏感、多疑不安，不斷搜尋下一個背叛事件的跡象。你也可能轉為「休眠模式」，變得呆滯麻木，不只切斷和背叛者的情感連結，也會刻意忽視自己的情緒。你也許會在這兩種極端之間擺盪，甚或出現「侵入性想法」，就像強迫症患者一樣，腦中不時閃現當時的景象。

大部分人一得知伴侶有外遇，就會不斷找人訴苦。最糟的是，你可能會喪失對人的信任感與信心，深怕未來還會再被背叛。這些情緒反應卻是正常的，也是遭到背叛時必經的心路歷程。

重建信任感

心理治療師柯珊保（Mira Kirshenbaum）在她優秀的著作《我愛你但不信任你》（*I Love You but I Don't Trust You*）中強調，「信任」不同於「信仰」，前者是基於事實。[3]換句話說，人們要認識一段時間，在各種不同情境下互相觀察，看看對方是否會信守約定，才會發展出信任感。我們通常需要好幾個月才能真正了解對方。小心翼翼、慢慢建立信任感，能避免一些不必要的痛苦。

柯珊保補充道，哪怕發生嚴重的背叛事件，信任崩壞後，關係還是有機會能重建、修復。只要加倍努力，重建後彼此還會變得更有安全感，情感比以前更緊密。

維繫兩人關係也需要可靠的第三者

要維持安全感和建立信任感，還有一種方法。當你有煩惱時，要確保你傾吐的對象會維護這段關係。這個人是客觀的第三者，但會設法努力讓這段關係穩定並長久發展。在溝通時，兩方的意見和立場他都一樣看重。他不會選邊站，因為他很明白，雙方並非戰場上的仇敵，非要爭個你死我活才行。

就算他發現對方的行為錯得離譜，也完全支持你的立場，但他也會用婉轉的方式居中溝通，試圖讓對方能接受規勸。在討論過程中，他不會忽視任一方，也很看重你們的關係。

例如，你跟好朋友喬治，在最近一次聚會上，父親批評你的教養方式；他認為小孩就是要打才乖。這時喬治不會說：「你爸真是混蛋！我不能忍受有人會說這種話！」而是會同理你的憤怒：「伯父這番評論，顯然不大尊重你的教養方式。我可以理解為何你會這麼難過和生氣。」他理解你的擔憂，但不會隨口批評你的父親是「混蛋」。

第二部分：連結感

除了安全感外，韌性關係的另一個基石是連結感。[4]當有人能理解、珍視、支持你，你就會對他產生連結感。每天在有意無意間，我們都一直努力讓關係更緊密，避免失去連結感。

連結感很重要，但我們日常有許多行為都在破壞它。確實，許多「正常」的相處模式，都是在慢慢腐蝕連結感。大多人都不知道，也常常忽略，連結感需要不斷地培養和關照才能穩定，關係才能茁壯。

很多關係本來可以好好發展，結果卻無疾而終。連結感會喪失，通常不是重大事件造成的，而是許多小小的摩擦長時間累積起來，雖然個別影響不大，但最後卻會集結成強大的破壞力。表面上是受單一事件所影響，其實這段關係已經千瘡百孔，禁不起最後一根稻草的重量。大部分的關係都不是突然決裂，而是在暗潮洶湧下，連結感一點一滴被腐蝕，地基一跨就瞬間崩塌。數不清的失望、承諾跳票、錯失伸出援手的機會、沒有互相傾聽，都是常見的破壞因子。理解連結感的特性，知道有哪些因素會培養或破壞它，進而改變相處方式，就能強化關係的韌性。

與自己、他人以及大環境產生連結

情感連結的原則，不僅適用於親近的人際關係，也適用於獨處以及面對大環境的態度。和自己有比較多的情感連結，對於生活的體驗就會更清楚，比較能接受自己的想法、感覺、需求和特質，也較容易感覺到與他人的連結。若你是偏思考型的人，比較看重理性層面，只要與自己的感性面有連結，多體會自己的感覺，就比較容易理解他人的情緒，與人的關係就會更密切。對大環境有感情，就比較能理解和同情其他生物的處境，更願意關懷大自然和環境問題。

情感連結的八種領域

專家一致認為，可以產生情感連結的領域有八種：情緒、知性、心理、性、身體、情愛、現實和理念。許多人亦相信有精神上的連結，它超出上述八種領域。[5]

情緒是情感連結的核心，是上述所有連結中最重要的。若有人願意完整地傾聽你的生活經驗，陪你一同喜怒哀樂，也熟知你的希望、夢想、恐懼、糗事，你就會有安全感，也比較願意卸下心防，表現脆弱的一面。

自在地與對方交流觀念和想法，就能產生知性上的連結。而心理上的連結則是彼此有類似的個性，例如幽默感或富有想像力。性方面的連結不限於有實際的身體接觸，只要彼此都能讓對方感到性興奮也包括在內。[6]有些伴侶不曾見面或相隔兩地，但仍可感受到和對方有強烈的性連結。又或是性生活不頻繁的伴侶，也還是能感到穩定而安心的性連結。身體的連結與性愛無關，而是像擁抱、牽手等親密行為。

一般人比較容易搞混「情愛連結」與「性連結」的關係，兩者有時會一起出現，但有時愛一個人不見得會有性興奮，反之亦然。伴侶交往已久，雖然性生活不那麼頻繁，但彼此還是會感到深深的愛意。而且，就算不是出於性驅力、沒有強烈的性慾，人們還是會想要談情說愛、體驗浪漫關係。

一同擁有愉悅的生活體驗，就會產生現實上的連結，例如一起裝修家居或旅行。遇到志同道合、有一樣信仰和價值觀的人，就會產生理念上的連結。精神連結則超越以上八種領域，感覺與對方心靈相通。

雖然相信自己和他人有精神連結沒什麼不對，但的確也有可能造成嚴重的後果。有時我們會以為，跟對方關係密切是因為心神契合，但其實可能是其他因素造成的，包括童年經歷或身體不自覺的反應。心理創傷也會帶來連結感，也就是創傷羈絆（traumatic bond），這一點在第四章會再進一步討論。[7]

有時我們無法判別連結感從何而來，並且深信「那強烈的吸引力代表我們冥冥中註定要在一起」，但最終卻是讓自己受苦。關係發展一旦超出自己的掌控，就會感到很無助，哪怕維繫下去沒什麼好處，你還是無法放手。當初你以為跟對方有精神上的連結，所以馬上墜入愛情的漩渦，相信你們「似曾相識」，有「前世因緣」。你沒有採取必要的預防措施保護自己，於是與不適合的對象產生了情感羈絆。不論你感覺到哪種連結，就算是精神上的連結，請永遠記得，坦誠相待是最重要的，這點在第三章會繼續討論。

人際關係的強連結與弱連結

連結不僅有領域之分，在單一個領域內，體驗到的程度也有強弱之分。換句話說，我們看重哪些領域、認為哪些領域有關連，以及在某個領域感受到的連結強度，會影響到某段關係的整體契合度。舉例來說，你覺得和伴侶只有兩個領域連結感很強，其他六個領域都很低，乍看整體的連結感不高。不過，如果你非常重視這兩個領域，還是會覺得跟對方整體很契合。再試想，你跟另一位朋友在八種領域都有連結，不過七種是中度、一種是低度，而且你最重視的還是低度的那一項，整體上你就會感到跟對方的關係很普通，甚至只把對方當成不熟的朋友。

情緒連結是所有人都需要的，只是所需的連結程度每個人都不相同。在人與人之間，能產生連結感的事情很多，但大多都很主觀。有些人希望有連結感的領域越多越好，有些人則需要深度的連結，在某幾項領域中要非常契合。

此外，你也不需要對身邊所有人有一樣程度的連結感。舉例來說，有位普通朋友，你們只在讀書會上偶爾碰面，進行知性對話，你不會對他有其他領域的連結需求。但是對於另一半，你就需要更多領域的深度連結。儘管如此，即使在親密關係裡，每個人需要的整體契合度都不盡相同，需要有連結的領域也各異。

舉例來說，對卡崔娜而言，和家人之間有強烈的連結感，是最幸福的事。然而三個孩子長大後不常打電話回家，也不常回家探望，所以她一直覺得悶悶不樂。但孩子們各自有事業要忙，所以對親子關係的需求和關切度跟卡崔娜不同。又比方說，瑪莉和貝絲在談遠距離戀愛，她每天都需要和貝絲至少聊一個小時，說說每天做的事，才覺得兩人感情很甜蜜。但對貝絲來說，就算每週只講一次話，還是會覺得跟對方的關係很緊密。

事實上，要與對方有強烈的連結感，主要決定因素有三個。首先，許多你所看重的領域都有連結感；第二，那些領域的連結度都很高；第三，尤其是情緒上有高度連結。

當然，連結感並不是非黑即白、有或沒有這樣的區分。跟安全感一樣，連結感也有強弱高下的程度，每個人的需求不同。只要彼此感覺到足夠的連結感和安全感，這段關係就能強健又長久。不管是哪種關係、彼此情感需求為何，只要建立起適當的連結度，彼此就能心滿意足。

人與人的連結感有高有低，在不同時期的強弱也不同。在各種人際關係中，我們都會歷經連結感的週期變化，甚至失去連結、試圖重建關係。在這過程中，最重要的是要維持「超連結」(metaconnection)，它支撐著所有連結感。有穩定的「超連結」，就算處於冷淡期，彼此也不會覺得關係岌岌可危。

最後，能夠展現自己越多的面向，彼此的連結感就會比較強。為了維持關係而不得不隱藏或否認自己的重要面向，就是削足適履、勉強自己，當然彼此的連結感就很低。比如說，你熱愛戶外運動，也有強烈的政治立場。和對方分享你的冒險故事當然很有趣，但是表達你的政治觀點，更能夠產生連結感。在不同的關係裡，我們重視的連結領域和強度都不同。有人堅持要與另一半有同樣的宗教信仰，但對父母或兄弟就沒這種期待。

情緒連結是成為好友與伴侶的第一要件

在親密關係中，情緒連結是最為重要。就算在其他領域有連結感，但缺了這一項，彼此就不會感受到充分的安全感與契合度。

有了情緒連結，就可以理解和回應對方的心情。得到對方的關注，自己就會有價值感、有安全感，能夠完全仰賴對方。不管有什麼需求，對方都會回應，尤其在自己脆弱的時候前來安慰。比如說，你和某同事感情很好，某天下午他突然悶悶不樂，你就會特別留意，前去慰問關心，聽他吐苦水，給予適當的支持，就算你自己當天也犯了水逆。同事接收到你的關心，就會覺得自己在你心中很重要，有困難的時候可以仰賴你。

心理學家蘇．強森（Sue Johnson）專精於人際關係，她和同事在最近的研究發現，一旦無法信任對方，認為對方不會理解自己的感覺和需要，有壓力時對方一點也不會安慰自己，關係便會結束。[8]強森的研究指出，事實上，彼此會陷入爭吵中，大多因為發現感情變淡了，所以想要重建連結感。不管表面上在吵什麼，我們內心都想問對方：「我可以依靠你嗎？呼救時你會回應嗎？我對你重要嗎？你能給我安全感嗎？」

特別是在親密關係裡，想要和對方有情緒上的連結，就要有勇氣開放自己，透露出脆弱的一面。彼此要互相傾聽，都要勇於分享自己真實的一面，誠實地說出自己的想法和感覺。在文化教養下，大多數的人，尤其是男性，都認為透露脆弱的一面，就是告訴別人自己軟弱又沒用。在我們的人生歷程中，不大會有人重視或保護自己脆弱的那一面。久而久之就會覺得，一旦被人發現脆弱的一面，就會容易受到攻擊，因而遍體鱗傷。

可惜的是，過度保護脆弱的那一面，會給自己帶來更多困擾，因為這種方法基本上就是阻斷和他人的連結，自己就容易生氣、抱怨、咒罵別人。只要學習欣賞脆弱面的價值，就能改善關係；透露脆弱的那一面，便能獲得力量。想要多了解這一點，讀者可以參考布芮尼・布朗（Brené Brown）的名著《脆弱的力量》。[9]

情緒連結像是編織緊密的安全網，讓人在關係有足夠的安全感，願意冒險和成長。我們因此可以展現真正的自己，嘗試和原先不同的相處方式，探索新的想法，而無須害怕彼此會分開；即使發生衝突，也能安然度過。情感連結不是被動地感受，也需要去創造。無論我們自以為跟對方連結感多強，除非你找出可以增進感情的相處方式，彼此的關係才真的會拉近。

以確認取代質疑

經由對方的言行舉止，我們會「確認」（validate）彼此有感情上的連結。如此一來，在溝通過程中，就會感到對方有重視自己的意見與感受，覺得受到尊重。可惜的是，多數人從小到大學會的相處方式都是要「質疑」（invalidate）彼此的感情。更糟的是，我們也沒意識到自己正在質疑對方，不知道這樣會傷害對方和關係的發展。大多數的人都不知道如何確認感情。當關係處於緊繃時，最需要安全感，這時我們就不會再去確認感情，而是把注意力放在保護自己脆弱的一面，而非安撫對方。

例如，有位好朋友跟你坦承，在最近一次聚會上，你和某群人聊天時，他感覺被你冷落了。這時你跟大多數人一樣，會出現防衛心，想要停止這個敏感的話題，要嘛敷衍道歉一番，或是馬上轉移話題，甚至責備對方「太敏感了」。不過，你也可以採取確認的態度，讓對方說出難過的心情，讓他覺得自己的想法有被重視，這樣才有助於維繫感情。

透過情緒連結，讓彼此的心更靠近

在連結感這個領域，心理學家高特曼（John Gottman）做出了開創性的研究，讓人們重新認識人際關係。[10] 高特曼指出，人們總是在提出「請求」（bid），想要達成情緒連結，所以嘗試引起注意與關愛，要確認或肯定與對方的感情。我們會問另一半是否注意到自己的新髮型，或試圖牽對方的手。我們的請求是否有效，有兩個決定因素：對方如何回應請求，以及我們如何表達請求。

冷漠比拒絕更加有破壞力

高特曼指出，回應的方式有三種：正面回應，直接拒絕以及不回應。正面回應就是參與討論，仔細考慮對方的請求，試圖達成情緒上的連結。有朋友談到對母親健康的擔憂，你停下手邊的事，專心聽他述說，也適時做出回應。有人願意聽自己說話、理解自己的煩惱，這位朋友便知道你支持他。

在直接拒絕的情況下，我們就會做出有敵意、有侵略性的回應。有天妹妹打電話給你，說心裡很難過，因為你最近太忙了無法去探望她，她擔心你不再把她當成親愛的家人。這時你覺得自己被否定、被誤解了，所以直接拒絕她的情求。你脫口罵出：「我拚得要死要活，都是為了養小孩。妳居然還譴責我？妳只有關心自己的需求嗎？」

不回應的意思是，我們錯失或沒有接收到請求，無法適時回應。舉例來說，同事跟妳訴苦，怕工作表現不好被降職，不過你工作壓力也很大，所以沒專心聽他講話，其實你也聽膩了，所以像往常一樣繼續忙自己的事。有天他又跟你說員工旅遊的趣事，你還是敷衍一番，沒有任何回應，對方不知道你有沒有在聽，也不知道你的看法如何。你跟同事感情升溫的機會就此消失，因為你沒有理解他的擔憂、分享他的快樂。對這位同事來說，只看到你無動於衷，所以下次不會再想找你聊天了。沒有適時回應連結請求，對方甚至會有被情感遺棄（emotional abandonment）的心情，這對關係的殺傷力非常大。過去曾被遺棄的人，會特別被你不回應的態度所傷。過去的心理創傷會被情感遺棄再次挖出，對對方的信任感也會開始流失。

有時我們不回應對方的請求，其實是在「築牆」（stonewalling）。根據高特曼博士的研究，築牆是關係中的「災難四騎士」之一，其他三項則是批評（criticism）、蔑視（contempt）和防禦（defensiveness）。他在研究中發現，只要夫妻出現「築牆」的舉動，就可以判定他們快要離婚了。

築起高牆就是拒絕和對方溝通，開始冷戰。你會刻意疏遠，避免面對面交談，有話也不明講，總是在裝忙，推託沒時間討論。築牆的破壞力很強，算是一種消極的控制行為，單方面以不作為的方式，轉換相處模式或是把關係拉遠。因此，有時我們難以察覺、處理對方不回應的態度。對方如果沒有明顯的言行舉止，就很難應對處理，為了突破高牆，反倒我們會變成攻擊、控制的一方。

直接拒絕和不回應都會破壞連結感和安全感。直接拒絕當然會讓對方受傷，但不回應的破壞力更大。不回應或是刻意忽略對方的情感需求，例如愛、關心、接納和歸屬感等，日積月累下來，跟精神上的虐待沒兩樣。這種消極態度破壞力很強，會慢慢腐蝕關係，讓對方痛苦不堪。它所造成的傷害跟身體上的虐待一樣，但傷口更深、更難以察覺。高特曼發現，不回應造成的傷害比直接拒絕還大，彼此的信任感更難以回復。結果受傷的一方只敢把請求放在心裡，或乾脆去找他人取暖。

高特曼的研究顯示，離婚的夫妻裡，只有百分之三十三在收到請求時做出正面、回應。而婚姻維持很久的人，有百分之八十七會正面回應需求。[11]簡言之，越是積極面對，關係就越幸福且長久。雖然高特曼的研究只針對婚姻與伴侶，但這些原則可套用在各種人際關係上。

用適當的方式提出要求

情緒連結的請求沒有被滿足，有時問題在於，表達不夠直接、措詞不當或者時機不對。你覺得朋友都不關心自己，所以覺得很難過。但你沒有直接跟朋友說出自己的感覺與需求，反而批評對方自私。或者說，你認為伴侶不夠浪漫、常常冷落自己，所以你故意疏遠，讓對方沒有安全感。或是你在睡覺前要另一半陪你長談，但對方工作太忙，難以滿足你的需求。這些請求只會帶來相反的效果，讓對方更加防衛自己，還會破壞彼此的信任感，最後失去連結。

當然，生活中我們難免會提出造成反效果的請求，所以才更需要學習新的溝通方式，畢竟每個人的心理狀態都很複雜，過去也都不盡完美、難免會犯錯。雖然我們提出請求的方式不對，但不是出於自私，也不是故意要傷害對方，而是想要讓關係更緊密，畢竟彼此終究都想要有連結感和安全感。

親密，是獨一無二的牽絆

人與人共同走過一些人生歷程所形成的連結感，我們稱之為牽絆。這些歷程有的是外在活動，如一起去登山，有的是屬於內在，如分享彼此的想法和感覺。一般來說，人生歷程越難得，牽絆也越強，比方說一同參與作戰的同袍。

在這些人生歷程中，彼此也許交談不多或根本沒交談，但仍感覺到連結。大部分的男性在成長過程中，都是透過外在的經歷來產生牽絆和連結感，比如一起露營或打籃球，但從未深入談過各自的想法和感覺。

「親密」(intimacy）是一種獨一無二的牽絆感。跟對方分享自己的心路歷程，包括比較私密的事，表現出脆弱的那一面。所謂的親密感，也可以理解為「深入我的內心世界」(into-me-see，intimacy 的諧音）。[12]不是所有的關係都需要親密感，但諸如夫妻、伴侶、好友等，若缺乏這個元素，關係就無法茁壯。

在戀愛關係中，親密感只屬於對方

在各種關係中，戀愛是親密感最高的。原因在於，我們只會跟另一半分享某些私事，並向他顯露脆弱的一面；這些心事都專屬於對方。不過在多重伴侶關係中，親密感就不限於兩人關係，但這種狀況事先都已有共識。一般而言，某件事你分享的人越少，你跟那些人的連結感就會越強。例如你曾經發生過外遇，你只告訴一位朋友，你跟他的連結感就會很強；遠比昭告天下要好得多。

在一對一的伴侶關係裡，排他性很重要，有些私密的事情一定要確保只有彼此才知道，這樣才有助於產生連結感、安全感，感情才會越來越好。雖然你還是會跟其他密友分享私事，但你的首要任務，還是要先好好守護跟伴侶一同經營的「親密小屋」，確保那些私密、獨特的細節只專屬於另一半。不過，如果你的伴侶心理上不太健康，你們就不會有這樣的親密小屋，你也不需要太努力維持那樣的親密連結，既不理性也不健康。對方若控制欲很強，甚至或有虐待傾向，和他分享私密的事反而更危險，這時最理想的辦法是尋求其他朋友的支持，也一定讓他們知道問題所在。這部分我們在第四章會繼續討論。

如果你跟密友分享太多祕密，尤其他還是曖昧對象的話，伴侶一定會覺得被背叛了，對你的信任感就會大打折扣，並嚴重危及連結感和安全感。許多行為都會破壞伴侶間的親密感，特別是肉體出軌。但就算沒有跟第三者發生性行為，跟曖昧對象講了太多私密的笑話，或是袒露個人脆弱的那一面，你的伴侶都會覺得被背叛，不想再跟你有身體上的親密關係接觸。事實上，精神出軌的破壞力不亞於肉體出軌。要判定哪些自己行為會破壞親密感，只需捫心自問，如果伴侶看到這件事，他的安全感會不會減低？

假性親密關係

有兩種牽絆不屬於親密關係，但經常被誤解為親密感：癡戀（limerence）和關係成癮（relationship addiction）。

當你陷入癡戀時，大家總會說：「你戀愛了！」這時，我們會感到和對方有強烈的牽絆，無時無刻都感覺到和對方合而為一。[13]這種感覺如同海洛因等藥物一樣，會開啟大腦上癮的機制。想到喜歡的人，想像和他在一起，就能得到強烈的快感。這種渴望如此強烈，甚至令人怕害分離。只要一想到愛戀的對象會離我遠去，就會產生宛如世界末日的恐懼感。

隨著時間過去，癡戀若在八個月到三年內「退燒」的話，那你的心理狀況非常健康。一般來說，人們很難心全心投入、長久不斷地對某人產生強烈的情感，不僅耗費心神，也讓人無法均衡顧及生活其他面向。

癡戀本身並不是問題。大部分的伴侶一開始就都會有一段迷戀期。不過，有些伴侶一拍即合，所以從未經歷這個階段。不過，大部分的人都不知道，癡戀維持不久後就會變調，甚至會憑空想像浪漫的感覺與過程。也有許多人以為，癡戀的感覺消退了，戀情就將畫上句點。甚至還有人因為感情變淡，決定結束穩定、正向又令人安心的關係，改去追求難以掌握的激情。

有些人陷入癡戀時，會深信自己找到了「真命天女」，當然這是自欺欺人的危險心態。你一下子就相信對方，大腦進入成癮狀態，同時做出了重要的生命抉擇。這種狀態會扭曲你的知覺和感覺，讓你覺得癡戀的對象遠比實際上更具吸引力、更適合你，如同酒癮者的大腦認為，心情不好時喝一杯是最合理的選擇。想要讓情緒連結更緊密，需要時間培養，彼此要互相坦承，發揮同情心相互對待。

另一種假性親密感來自於「關係成癮」，沉迷於負面關係卻無法自拔。癡戀的愉悅感和體驗通常來得快去得也快，但關係成癮通常令人痛苦且一輩子難以擺脫。成癮的原因很多，主要是有一方一直被動地接受不合理的對待。有些交往對象控制欲很強，卻又怕害親密關係，所以交往過程一下子緊密、一下子疏離，彷彿在跳探戈一樣。可惜的是，許多約會專家都鼓勵讀者去釣對方的胃口，讓他心神不寧、沒有安全感、手足無措，不確定付出是否會有回報。我們並不太清楚，那些強烈依附感究竟從何而來，以為和對方有特殊的連結，是天賜的姻緣，兩人註定要一輩子一起生活。

陷入成癮的關係時，人的想法跟觀念都很不切實際。[14]無論對方做出什麼無禮的舉動，你只會緊緊抓住過去美好的回憶，相信未來關係會改善。你沒有得到合理的對待，卻不敢面對現實，還把問題行為合理化，替對方找藉口以忽略真實的情況。所以有的受虐者會辯稱「他有個不幸的童年」、「我的生活習慣也不太好」、「他害怕跟人太過親近」，以此否認對方的粗暴行為。在這種情況下，你不是愛上對方真正的樣貌，而是把希望都放在未來，相信他會有所轉變。

羞愧、蔑視、憤怒——讓情感生變的三大負面因子

有一些想法、感覺和行為可能會讓人不安，導致有一方感覺不對，或是彼此都想疏遠對方。在所有的觸發行為中，最需要留意「羞辱」、「蔑視」及「憤怒」。如圖2.1所示，一旦有一方出現負面的念頭，連結感就會開始消退，進而做出負面的舉

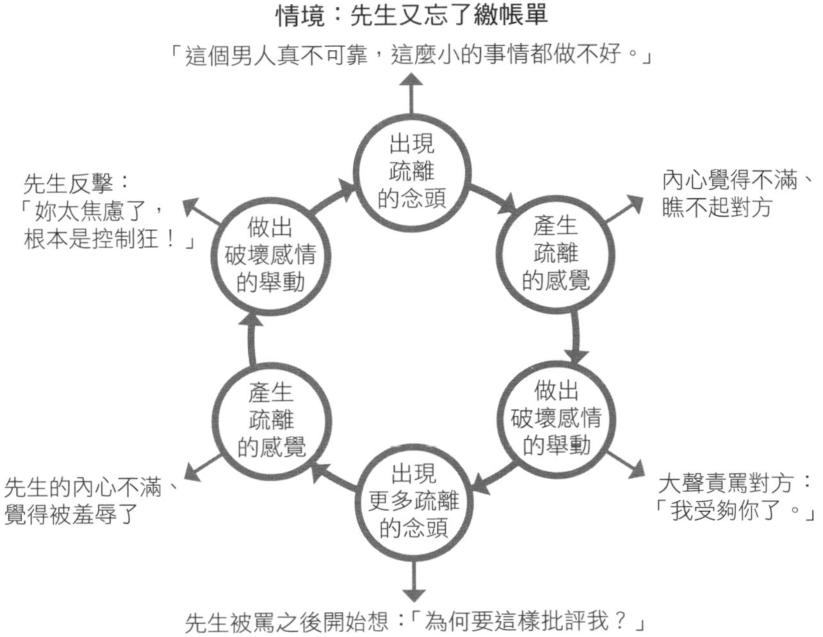
情境：先生又忘了繳帳單
「這個男人真不可靠，這麼小的事情都做不好。」
出現
疏離
的念頭
內心覺得不滿、
瞧不起對方
產生
疏離
的感覺
做出
破壞感情
的舉動
大聲責罵對方：
「我受夠你了。」
出現
更多疏離
的念頭
先生被罵之後開始想：「為何要這樣批評我？」
產生
疏離
的感覺
先生的內心不滿、
覺得被羞辱了
做出
破壞感情
的舉動
先生反擊：
「妳太焦慮了，
根本是控制狂！」

圖2.1. 惡性循環：破壞感情的念頭、情緒和行為

止，再觸發一連串的負面想法、感覺、行為等。

羞愧感是關係破壞王

羞愧感最容易觸發疏離的感覺。在人際關係與互動中，才會出現這種情緒。一接收到「不合格」、「不夠好」、「比別人還差」的訊息，或是表現不符合自己的期待，就會出現羞愧感。類似的情緒是內疚感，但它是針對錯誤的行為，而羞愧感是覺得自己個性、人格不夠好。我們無法肯定自己，覺的內在缺點很多、無法改進。事實上，每個人都免不了有羞愧感，人生當中常常覺得自己方方面面都不好，也會把這種感覺帶進關係裡。

一出現自己不夠好的感覺，就會想在彼此間築起防護的壁壘，以防止更多羞愧感入侵。羞愧感越重，傷害越大，內心就越想築起高牆。為了有安全感，我們會用盔甲把自己武裝起來，不是變得孤立，就是非常具有攻擊性。有時我們需要這樣的盔甲，畢竟會遇上危險的對象，但要維持健康關係，就必須卸下心防才能恢復連結。羞愧感太深的人經常羞辱他人，對方也因此不得不反擊，造成惡性循環。羞愧感可說是心理失衡的起源，在生活與社會中大量的暴力與脫序行為，都是受它所驅使。

蔑視態度讓彼此漸行漸遠

相對於羞愧感，另一種極端心態就是瞧不起人。心裡出現羞愧的想法時，就會一直有不如人的感覺。不管是批評他人或是看輕自己，都是一種蔑視的態度。你會覺得和對方的連結變少了，因為蔑視的心態阻礙了自己的同理心。一旦無法同理對方的立場，就更容易批評對方沒有用，你的同理心就會再降低。記住：同理心是蔑視的解藥，透過對方的眼睛看世界，就不會再貶低人家。

瞧不起人，想尋求高人一等的感覺，都是源於內在的匱乏與需求，想要增加自己的權力感和自尊。蔑視對方，會覺得我是對的、你是錯，我比較聰明、你比較笨。批評別人就能感覺自己是贏家，然而從這種角度去理解對方，終究只會造成雙輸的局面。連結感因此喪失，關係再也無法維繫下去。你也會因為做人不夠正直，而失去了自信心與榮譽心。對另一半來說，不僅會覺得感情疏離，也會被你傷到自尊。

被人瞧不起，也會觸發其他疏離的感覺和態度，以免再被羞辱。恐懼、焦慮、沮喪、悲傷以及困惑等情緒，也可能是其他攻擊的舉止所造成的；但只要蔑視他人，就一定會產生這些情緒。

憤怒會掩蓋事實

在必要的時刻，對不公不義之事憤恨不平，能保護自己或他人。在憤怒的驅使下，我們拿出勇氣、採取行動反制不合理的對待。憤怒有助於自保，主要是因為，它能切斷彼此在心理上和情緒上的連結，也阻斷了同理心。

不過在日常生活中，憤怒不是出於理性，要求公平對待，而是誤解了現實情況而採取的防衛心態。在憤怒的心情下，我們把現實編成一段故事，認為自己沒有錯，是對方有問題，然後越想越生氣。不過，就算你忿忿不平，覺得自己被虧待了，仍然可以理直氣壯表達不滿，這麼做不會切斷彼此的關係。不過，如果你情緒不穩定或有人身安全的疑慮，的確可以跟對方劃清界線。大部分的人發現對方生氣時，也會採取防衛的姿態，所以你越常生氣，對方就越會推開或遠離你。

綜合以上的討論，如果你覺得缺乏連結感，但不知道原因，可以問問自己，是否感覺羞愧、被人瞧不起或心生不滿，可能的起因為何？一旦明白自己感覺從何而來，就比較能從客觀的立場如實描述問題，彌補喪失的連結感。

創造親密的環境

許多因素都有助於拉近彼此的想法與作法，但有些成分不是我們能控制的，我們只能盡力去創造親密的環境，包括內在和外在世界，才比較能維持穩定的關係。舉例來說，你每天都超時工作，壓力很大，精疲力竭，以致沒有時間陪伴另一半，你當然會感到彼此越來越疏遠。反之，如果最近生活壓力比較小，兩人比較有時間相處，感情就會好得多。

感情難免會疏遠，但可以採取行動，創造親密的環境。另一方面，也可以觀察一下周邊的環境，也許當中有阻礙你們感情的因素。

滿足彼此的需求

從許多方面來說，連結感跟需求的滿足有關。對方越能滿足自己的需求，連結感就會越高，做不到的話，感情自然會變差。

在關係中，每個人都有自己的底線，有些需求不可妥協，有些需求很重要但不必要。然而，所有人都有一樣的基本需求：渴望被接納、被欣賞、被需要、被尊重，想要得到價值感和安全感。我們需要感覺自己很重要，也希望能仰賴對方（可參考附錄一的需求清單）。這些基本的需求沒得到滿足時，就會失去連結感。例如同事一直無法完成交辦的工作，你就會覺得對方不可信任，兩人的感情就會越來越淡。

需求一直沒有被滿足，挫折感一直累積，就會心懷不滿，情緒慢慢沸騰，最終在微不足道的小事上爆發出來，連自己都不明白為何反應會如此激烈。我們也可能變得沮喪消沉，甚至夾帶著憤怒，認為自己沒有得到應得的待遇，於是更渴望那項需求，內心永遠都無法得到滿足。

滿足需求才有助於健康的關係，但許多人並未認真看待對方的需求。我們很少對身邊的人表達感謝，認為那是理所當然的，對方也因此不快樂。不管是什麼小事，連簡單的謝謝也不說，也不感謝對方的辛勞。對方為了保護自己，深怕被佔便宜，付出時就會多所保留。內心充滿感激時，一定要適時表達出來，對方才會得知，也才有助於關係發展。

當關係疏遠時，只要找出和滿足對方的需求，就能增加彼此的安全感。

確認真正的需求

在親密關係裡，每個人都有自己的「需求清單」，希望對方能滿足，內容包羅萬象，從穿衣風格到交友狀況。這些要求並非全都合理。妳男友的穿著打扮不一定會符合時尚潮流或社交禮儀，他的朋友當中有些暴力傾向或有前科。但精確一點來說，這麼一長串的需求，有些其實都是「渴求」，它們會蒙蔽我們的判斷，以至於看不見也找不到真正的需求。

有次妳和先生在爭吵，該穿什麼去衣服參加妳哥哥的婚禮。你需要先生做點改變，但這不是因為你希望他穿得帥氣，而是為了符合社交禮儀，也是為了尊重主辦方，以免造成他人的困擾。

勇敢提出自己的需求

找出需求後，要以適當的態度告訴對方，才有可能得到滿足。許多人覺得很難做到，一方面是分不清渴求跟需求，還有許多原因。我們也許掌握不到內心的感覺，也不知該如何表達。例如，男友剛和前女友喝完咖啡，妳會有不安全感，需要對方保證不會三心二意。然而，如果妳沒發現內心的不安全感，就不會知道其實妳需要對方保證愛妳，也就不會提出要求。

人們總是覺得，找出需求、理直氣壯表達出來非常困難。我們從小到大總是被教導，在關係中提出需求是羞恥的事，所以總是難以啟齒。在文化制約下，我們過度重視某些特質，如獨立和自立自強，不鼓勵人們相互依賴和產生連結。

「每個人都是一座自給自足的島嶼」，這種觀念害人不淺。我們很容易因此否認自己有關係上的需求，甚至會忽視或批評它們，說那些都是不正常、有違自然又不健康的過分要求。我們還會汙衊有關係需求的人，羞辱對方，說她「老是在討拍」。

有趣的是，是否真有人不大需要「討拍」？像這種沒有基本關係需求的人，又該怎麼稱呼他？其實需求就像情緒，本身沒有對錯，是人的天性。尤其女性在社會期待下，總是不斷在滿足他人的需求，但貶低自己的需求，所以更難發現並解決關係問題。面對自己的需求，不要壓抑，才能確切找出問題，並且表達出來。接下來，就可以觀察它們會如何影響自己和這段關係。假如一開始就貶低需求，就算後來有意識到問題，也會自我批判，覺得它們不合理。

有天你跟妹妹說，想到要參加祖父的葬禮，內心就非常焦慮，因為那天會遇到一個討厭的親戚。你希望妹妹能了解自己的煩惱，但她卻說你想太多了。這時妳突然怪自己，認為自己的煩惱是不必要的，因此覺得很慚愧。把自己和對方的需求當成是錯的、不合理的，的確是個好方法，可以安慰自己不去提出要求，但也容易導致關係出現裂痕。

即使勇於找出需求，但還有一個錯誤觀念綁住我們。人們總是相信，要滿足關係需求，一定得有人犧牲，就像零和遊戲一樣。不過，我們得學會探討彼此的需求，才能體會到，在韌性關係裡，滿足彼此唯一可行的方案，就是雙贏策略。一方的需求沒有被滿足，兩個人都是輸家，因為關係會越來越難維繫。試想，用餐時你的盤子都是佳餚、對方只有一顆饅頭，你看著對方挨餓，真能好好享受這餐嗎？

要滿足需求其實並不容易，因為人們的需求經常在變，隨著不同的時空環境，想法也會變。至少每個人都會變老，會產生不同的人生經歷。你二十歲的時候會覺得不用存太多錢，但到了五十歲時就不會這麼想了。

要聚焦、確認自己的需求，重要的第一步就是承認自己對關係有不滿之處。你也可以參考附錄一，回想生活經歷，也許就能找出你內在的需求。[15]你也可以探尋自己的感覺，掌握你的身體、了解你的情緒，留意互動時的體驗。你是否感到很緊張？心情很焦慮時，需要什麼才能放鬆？這麼一來，就有助於培養自我察覺力，能更全面地觀察你的內在以及外在世界。在後面的章節會討論如何練習這種能力。

掌握自己的需求並能清楚表達出來，除了有助於關係發展，你自己和對方的自信心都會增強。你提出要求，對方才有機會付出；他不只感覺受到尊重，也覺得有能力滿足你。此外，我們也應該先表明自己的地雷區，對方才知道要避開。晚餐前客人沒有事先說不喜歡蕃茄，用餐時才在挑三揀四，這就是很沒禮貌的舉動。每個人天生都需要被肯定，也期待能成功扮演自己專屬的人生角色。因此，我們應該坦承自己的需求，對方才不會常常覺得自己很失敗、很沒有成就感。

安全感和連結感構成韌性關係的核心。不管在人生哪個階段，在關係中都要留意各種徵兆，觀察對方是否有不安全感或慢慢疏離。此外，我們也要培養基本的相處技巧，才能創造和強化連結。下一章，我們要介紹更深入、更有效的相處原則，它能讓我們的關係歷久彌新。

第3章 坦然：建立長久關係的不敗祕訣

坦然（Integrity）就像北極星一樣，只要有它，人際關係就會有安全感跟連結感。要建立有韌性的關係，第一原則就是坦然，接著再由此發展出其他原則。只要相信對方任何事都會坦然以對，我們自然就會有安全感和連結感。

坦然包含核心的道德價值與行為。因此，行為與價值觀一致，就是坦然。舉例來說，你最重視的核心價值就是公平正義，所以「己所不欲，勿施於人」就是你最坦然的表現。相反地，當你對待他人不公，就是沒有坦然表現自己。因此，坦然不是個性，而是我們的一言一行，要落實於生活中。它既是地圖，也是我們實際踏出的路，終點則是安全感和連結感。如同生命中的許多事情，坦然不是非黑即白，而是有程度之分，關鍵在於每次互動時我們該表現多少。每次的互動都是一次表現坦然的機會，不僅可以對彼此更加真誠，也可以對自己誠實。

某些言行是否坦然，最明顯的判準在於它是否傳達出同情心與正義感。研究顯示，這兩項是不分文化、最多人秉持的核心道德價值。[1]有同情心的人坦率真誠，真心關懷他人是否過得好，也會親自去問候。而看重正義的人，總是對別人比對自己好，嘗試付出更多。以兩個價值為基礎，再來我們要保持誠實，不只是說實話，也要看重事實。言行要誠實，就需要提起勇氣，有意願主動嘗試，無論內心有多麼害怕。也就是說，誠實是願意向別人和自己展現脆弱的一面。

大多數的心理學專家和宗教人士都教導我們，坦然最能展現人心理健康和情感成熟的程度。在人格發展的過程中，最重要的就是培養坦然的態度。的確，坦然的人不只是感覺良好，還充滿自信，內心比較快樂，也較有安全感，對生活各方面都感到滿足。[2]

在關係發展的過程中，讓彼此越來越坦然，也是重要的目標。當事人言行越一致，關係本身就更加透明穩定。擁有坦然的人際關係，就能有勇氣去面對不可避免的生活壓力，有透澈的洞察力去理解問題，用同情心對待他人與自己。如此一來，我們就能依靠自己的內在能量去克服生命的關卡，還能把愛傳遞出去，以更開放的態度面對世界和他人的所做作為；我們的人際關係和生命也會更加豐富。

坦然的態度能提高彼此的尊嚴

抱持著坦然的態度，我們的一言一行就能給彼此尊嚴。因為你不僅展現了自己的格調，也在告訴對方是值得尊敬的人，雙方就比較不會覺得被羞辱了。

想想看，有人欺騙你的話，你內心的感覺如何？或是有天你告訴媽媽，母親節那天你必須招待幾位外來的重要客戶，因此無法回家團聚，她卻說你「太自私了」。或是老闆對你的提案不以為然。在這些情境中，你一定會馬上生氣，產生自我防衛的反應，但是在你的憤怒底下，內心也感到很受傷。

再來想想，當你的言行與內在的價值觀不合時，會有什麼感覺？你跟另一半熱烈討論政治時，你認為對方觀念大錯特錯，於是失言罵了一句「笨死了」。或者你對朋友說謊，因為你不想面對坦承後的結果。在這些情境中，你會深深有羞愧感。

在大多數的情況下，言行不一會產生羞愧感，而羞愧感也會讓人不敢坦然面對現實；兩者會不斷惡性循環。只要一有羞愧感，內心就無法坦然，言行自然就不一致。這時我們只想保護自己，以免內心的羞愧感越來越重。

舉例來說，你最近常和琳達約會，也表示越來越喜歡她，希望對方可以認真考慮交往。但琳達不大確定自己的感覺，希望有多點時間考慮，交往的事以後再說。這時你覺得被拒絕了，心裡覺得被羞辱，所以再也不想接對方的電話，甚至回擊說，還有人對自己有意思，你要把機會留給另一個人了。

你會如此回應，都是為了保護自己的尊嚴，以及削弱對方的價值感，好讓你覺得自己比對方更搶手。羞辱感就像一道洪水襲來，讓人感到被淹沒，無法呼吸。情急之下，我們只好隨手抓住一個漂流物，或是把其他人壓到水裡。

價值感是人類最基本的需求，它可以讓人產生很多力量。相對地，羞愧感則有巨大的破壞力，會讓人失去安全感及幸福感，所以我們會做很多事情去防堵它：努力賺大錢、把身材練得像模特兒一樣人人稱羨，或是成為理想中的成功專業人士。不過，每個人追求成就不一定是為了撫平內心的羞愧感，但一定受某個更深層的動機所驅使。

其實，每個人都不想面對羞愧感，就算有也不願意承認，深怕自己是弱者。所以不管是被人羞辱或是自我譴責，我們都會極力掩蓋，假裝它們不存在。不是埋在永遠也做不完的成堆工作之中，就是用各種娛樂消遣來自我麻痺。這都是為了把注意力轉向外在世界。在外人看來，我們過得不差，還可說是功成名就，但內心卻不斷自我懷疑，覺得自己是冒牌貨。在人際關係裡，我們常常表現得蠻不在乎，不大願意表達真摯的感情，但其實我們都想要對對方說出愛意。

我們這麼努力要讓自己有掌控一切的權力，想要有成就、外表出眾，其實都是為了自我感覺良好、覺得自己十分重要。不管做什麼事，我們都希望焦點在自己身上，這其實是為了維持自己的尊嚴。

維持尊嚴當然是好事，但不應該一味自我膨脹，而是要打從心底發現自己的價值。尊嚴是個人心理健康的基礎，也是健康關係的根本。羞辱則會徹底破壞人的尊嚴與人際關係。尊嚴不斷提升，人就越有能力成長和進化。做人不一定要事事追求完美，外在的成功也不一定能反映內在價值，所以我們勇於冒險犯錯，也不怕嘗試沒把握的新事物。我們有自信接受批評，但不因此感覺自己「很糟糕」或「有缺點」。也許對方只是擔心我們，因此只要放下防衛心，就能從對方的建議中獲得成長。

不過，維持尊嚴不等於自我膨脹。有尊嚴的人從內在肯定自己，相信每個人都有一樣的價值；自我膨脹的人只為了感覺與眾不同、高人一等。被羞辱時，就會感覺在人前矮了一截，要靠自我膨脹扳回顏面。這兩種態度都是假象，假如你能肯定自己，就知道人與人沒有高低階級之分。自我膨脹是為了掩飾被羞辱的感覺。例如，有個小男孩在遊樂場摔了一跤，因膝蓋擦傷在哭，一旁的孩子卻笑他愛哭又懦弱。他當場惱羞成怒，把取笑他的孩子打了一頓，用暴力證明自己的價值感。這時，被羞辱的人變成羞辱者；遺憾的是，這種持續不斷的惡性循環，就是許多人際關係的特徵。

自我膨脹的相反態度就是謙虛，知道自己既不高人一等，也不矮人一截。充滿自信、保持謙虛的態度，肯定自己的優點，欣賞其他人的長處，就能體會到世上每個人有不同的價值。

在坦然的關係中，就不會再傷害彼此，而是帶給對方尊嚴，肯定對方的價值。這麼一來，我們就能建立安全感、連結感，避免讓對方感到羞恥，也能修補彼此造成的傷害。相對地，沒有安全感、缺乏連結感的關係，就會讓彼此一直感到被羞辱。

對自己、對世界展現坦然的態度

我們通常以為，坦然是一種人際相處的態度與作法。不過，本書所談的關係不只是針對他人，還包括獨處，此外每個人面對社會與全世界的態度也不同。我們所談的原則和方法適用於各個層面。

和自己的關係

獨處是所有人都具備的基本關係，是處理個人議題的關鍵。大多數人都沒意識到，我們總是在進行內在的自我對話，不過這些對話會影響到日常的態度、感覺、行為以及自我價值感。我們總是太苛求自己，老是跟自己說：「如果有人那樣說我，我一定無法忍受。」還會認定自己又笨、又醜又懶，根本是個「魯蛇」。

既然每個人都會自我對話，所以時常有機會練習坦然以對。不需要大幅度的改變，只需要多留意自己的內在對話，重新組織對話內容，試圖對自己展現同情心和公平，就有助於提高自我價值。比如說，你今天實在提不起勁打掃房子，你改用同情的態度、想想自己為什麼這麼煩悶，而不用責罵自己是「懶豬」。觀察自己的經驗，不要任意做出批評。時常練習坦然的態度，就能得心應手、不假思索地以這種態度面對事情。日積月累下來，就會變成一種習慣。

和世界的關係

在群體層面，關係包含廣大社會以及生態環境，因為我們都是其中的一分子。我們對世界會有貢獻、也會破壞環境，由此反映出我們內心的道德。

大多數人都同意，社會環境健康又穩定，並以公平正義和同理心為基本價值，人民才能得到福祉。這些價值就是民主的基礎。更進一步想，大多數人也同意，這些價值也適用於人類以外的動物及自然環境。我們對動物有同情心，也會設法公平對待牠們，希望地球變得越來越美麗。[3]

我們不斷在選擇和社會互動的方式：是否要發揮同情心幫助急難家庭？是否要為野生動物保留棲地？要不要做好資源回收？我們用坦然的精神保護群體與環境，如同處理人際關係一樣。

同理心有助於正向互動

透過對方的眼睛看世界，就是具有同理心，不只是理解他的觀點，也是為了能感同身受，真正體會到對方的立場。

發揮同理心，就能隨時表現出坦然的態度。下班後回到家，你原本期待可以好好放鬆，卻發現室友把廚房弄得一團亂，連走道都堆滿東西。你非常不滿，等他回來後要指責一番。你連報復方法都想好了，還要趁他不在，把髒衣服丟到他們乾淨的床上。但你可以先深呼吸，試著透過室友的角度，了解他們這麼做的緣故。是不是趕著上班，所以才把廚房弄得一團糟？這時你發現，原以為他沒有公德心，其實有不得已的苦衷。你也該向室友表達自己的疑慮，並帶著同情與好奇的態度關心他。你也可以說出自己的難過之處：「回到家看到一團亂，我真的很失望。我今天好累，不想幫你洗一堆盤子。」我們通常會帶著憤怒的口吻，批評與攻擊對方，但這次你可以試著貼心地問問，那天早上他怎麼了。

秉持同理心和坦然的態度，雙方的互動就能進入正向的循環。對室友有同情心跟好奇心，相處的氣氛就會更好，他便能安心、坦誠地說出真心話：「我早上太趕了，怕第一天上班遲到，讓同事以為我不守時。」室友卸下心防後，你就比較容易了解他的感覺。對著室友大吼或把你的髒襪子丟到他床上，其實解決不了問題，彼此會陷入惡性循環；你只會更憤怒、更沒有同理心。

有時我們會覺得，同理心像星星一樣遙不可及，尤其是情緒一上來，就會像走入黑暗的森林一樣，看不見微光。事實上，許多研究顯示，大部分的人以及部分的動物天生就有同理心，有辦法體會對方的處境。[4]在電視上看到臨終母親向孩子道別的畫面，很多人都會覺得難過；看到小狗受虐的新聞，也可能不禁蹙眉。人人都有同理心，只是程度不同。你不需要從外在世界尋找同理心，只需要撥開內心的障翳，就能看見它。

時時感受自己的同理心

無法體會對方的經歷，就很容易在言行上傷害對方，即使不是有心為之。我們都會認識一些比較自我中心的人，很難相信他們一言一行有顧及他人感受。這些人就是無法了解他人的感覺與需求，也不懂察言觀色，比如不知道對方看手錶，就是暗示要中斷對話。他們無法公平對待他，不懂得「己所不欲，勿施於人」。

因此，只要稍微發揮同理心，感受一下自己的關懷溫度，就有助於拉近感情。方法很簡單，只要跟某人互動時暫停一下，問自己是否感覺到對方的處境。只是「感覺他累壞了」或「了解他大概要講什麼」，還不算發揮同理心。試著發揮想像力，透過對方的視角看世界，去體會對方的感覺。特別是你想找人吵架的話，這個練習特別重要，可以緩和衝突氣氛。

同理心的限制與限度

我們不太需要擔心同理心過剩，畢竟社會上還是有許多人缺乏同理心。

許多人面對問題態度和情緒都有違自己真正的心意，導致人際關係受到影響，安全感降低。同理心有時並非最有效的方法。外科醫師開刀時就不能發揮太多同理心，不然就會影響工作的情緒，無法拯救生命。如果對方是控制狂或言行都很不尊重人，就不需要同理他，否則你就無法合理地生氣反抗，以保護自己不受傷。憤怒通常不能解決問題，吵架時很難有共識，但遇上不公平的對待，還是要敢怒敢言。

有些人的同理心很強，非常能理解對方的立場，但卻不太清楚自己的處境、搞不懂自己的想法、感覺和需求。這些人就需要加強心理界限，我們在第四章會繼續討論。

調和理性與感性的特質

每個人的感受能力不同。有些人同理心較強，很容易對他人的立場感同身受，有些人則比較理性。每個人都有理性和感性的能力，但在某些面向上會比較自在與熟悉。

想像一下，理性和感性在光譜的兩端，你的個性越偏向某一端，就越難成為另一端的人。理性與感性一樣重要，兩種特質兼備才是正常而完整的人。偏理性的人也有同理心，感性的人也會理性思考，只是程度不同，呈現的個性也會不同。

有些人幾乎處於理性的極端，很難體會他人的立場，因此可運用想像力去了解對方的經驗。這種同理心對應到一種心態，叫做「認同」(identifying)。運用這種能力，你就會發現，自己具有對方的特質、對方也擁有你的個性。也可以試著想像對方的感覺，問他心情如何，再決定如何用適當的方式坦誠以對。

實話直說，真誠溝通

好消息是，只要坦承以對，一定能帶來雙贏的結果。我的言行若變得更坦然，你也更能面對現實，關係就會更清楚透明，對所有人都好。每個人都能真誠面對問題，整個世界就會變得更光明。

莫瑞和海倫結婚很多年了。這些年來，莫瑞始終悶悶不樂，但不願意和海倫分享內心想法，因為他怕傷害海倫。莫瑞很了解海倫，因此深信如果告訴她真實的感覺，海倫會大受打擊。乍看之下，莫瑞也是很正直，出於對伴侶的愛與關懷，他不想讓海倫難過。但是，隱藏內心的感覺，也等於是欺騙海倫，不讓她知道實情、剝奪她選擇的權利。海倫以為伴侶很快樂，並以這個錯誤的認知為基礎，選擇和伴侶的相處方式。因此，海倫也沒機會承擔自己決定的後果，搞不好就是兩人相處上有問題，才導致莫瑞過得不開心。海倫少了自我反省的機會，也無法在關係中成長。

莫瑞不想讓海倫不開心，把她當作情緒上需要被保護的小孩，而不是有自主能力、能承受真相的大人。兩人對彼此不坦承，關係就越來越疏離，親密感慢慢消退。莫瑞如此隱瞞，不只是為海倫著想、怕對方不開心。他也是擔心，一旦誠實以對、說出真正的感覺，彼此無疑得進行針鋒相對的討論，兩人都會很痛苦；這才是他躲躲藏藏的原因。

選擇相處方式時，如果心裡很猶豫，不妨問問自己：「如何才能真正地坦然面對，讓自己成為誠實的人？」或者是：「怎麼做才能讓這段關係更清楚，不會曖昧不明？」其實兩者的答案是相同的。如果他想要誠實面對自己、海倫和還有這段關係，就應該以同理心說出實話。秉持著坦然、開放的態度，莫瑞才能創造對話的空間，夫妻倆進行有意義的討論，一起下定決心，帶著更真誠的心，一同面對自己的人生和這段關係。

勇敢做自己的同時，也要注意禮節跟衛生

生活要過得更坦然，有個簡單的原則，就是注重言行和禮貌。在社會約定俗成下，人類發展出一套應對的文化。有些人同理心比較差，不知道如何認同對方的立場，這時他只要行禮如儀，不用全憑個人的感覺去行事，不需要特別表現，就能讓對方感覺受到尊重。

和他人互動時，無論有意或無意，言行舉止沒禮貌，就是不尊重對方。比如說跟朋友走路時沒有並肩同行，而是自顧自地往前走；又或者在他人進電梯前趕緊關上門。這些互動方式反映出，我們只顧自己方便而不管他人感受。這麼做違反公平原則，沒有做到「己所不欲，勿施於人」。就算你不介意，但大部分人都很在意，吃晚餐時家人心不在焉或講個不停，或是不等其他人細嚼慢嚥，一上桌就狼吞虎嚥吃完桌上菜餚。當然，有些陋習沒什麼道理，但大部分的社交指引，都是為了讓人們相處時能互相尊重。

熟知社交禮節的人通常比較有吸引力，他們的一舉一動都讓身邊的人覺得舒服和受尊重。我們總是喜歡這些令人放鬆又愉快的朋友。

遵循基本的禮儀與社交規則，就比較不會做出失禮的行為，也比較不會造成他人的不快與苦惱。有些人認為，魯莽的言行正代表自己坦率的一面，但其實對大多數人來說，只會覺得你不在乎他人的感受以及後果。我們身邊總是有些朋友，一舉一動很討人厭，人人避之唯恐不及。有的朋友講話總是提高音量、笑聲傳遍整個辦公室；有的朋友老是狼吞虎嚥，講話時不顧嘴裡還有食物；有的家人老是在家戴耳機，不管其他人要跟他說話；有些同事你得不斷提醒他，因為他總是忘記自己答應要完成的工作。

舉止令人不快，身邊的人就會想保持距離。一般而言，朋友選擇和我們在一起是因為能感受到活力，而不是讓人精疲力竭。沒有人想要跟討厭鬼在一起，讓心情受到影響，還得費神處理那些負面後果。跟那些言行很失禮的人出遊，一整天感覺都很不愉快，因為你得避免尷尬場面。你怕朋友在餐廳笑到失態，所以不能講太多笑話；怕他嘴裡有食物還一直講話，你只好放下碗筷把話搶過來講。你花了這麼多力氣控制場面，試著轉移對方的注意力，不讓他笑到失態，還得轉移視線，以免看到他嘴裡那堆嚼爛的食物。

所有人都同意，有些舉止不論在哪裡都很失禮，比如噴灑太過刺鼻的香水、在公共場所大聲講電話等。不過有些討人厭的行為比較主觀，不一定會冒犯到所有人。無論如何，重點是要有人提出來討論，否則當事人很難有機會改變。的確，我們很少當面指責別人，就算自己會受到影響，也會覺得自己何德何能，沒有資格讓對方感到難為情，我們也會覺得，反正他這些失禮的舉動也行之有年，他的個性就這樣，難以改變。其實，每個人都不想提起這尷尬的話題，以免彼此不快。[5]

還有一些舉止令人討厭，就是差勁的衛生習慣。這點特別會影響伴侶的感情，要好好討論一番。每個人的衛生觀念都不同，也希望對方的習慣跟自己一樣。有潔癖的人特別有這煩惱，看到伴侶不衛生的行為，就會感到噁心。潔癖很難改，還會減少你的吸引力。事實上，重視衛生習慣的人，通常是出於安全感的需求，他們一發現藏汙納垢的環境，就會有恐懼感，害怕會生病。因此，一般而言，為了維繫感情，不可能叫有潔癖的人變邋遢，當然是請邋遢的人培養衛生習慣。畢竟，只要改變一些行為舉止就會愛乾淨，但要變邋遢則是得轉化生活態度，那是深層或天生的情緒反應，可說是無法改變的。當對方坦承指出，受不了我們某些不衛生的行為，我們絕不能敷衍說：「日子久了你就會習慣啦！要跟它和平共處。」這樣絕不能改善相處的感覺，還可能越來越糟。

愛要說出口

精神科醫師派克（M. Scott Peck）在他的專書《心靈地圖：追求愛和成長之路》（*The Road Less Traveled*）主張，愛不僅是感覺，也是行動；不只是名詞，它也是動詞。無論你感覺到多麼愛一個人，但是唯有言語和行動，對方才能感受到你的愛。你不說出「我愛你」，或是對方不聽你說，一直忽視你的要求，你就感受不到對方的愛，不會覺得自己有多麼重要。派克說，要考量到怎樣做才真的對他有益，並且坦然說出實話，才是真正愛的表現。

也正因如此，即使沒有感覺到愛，我們還是可以做出愛的表現。除此之外，坦誠地跟對方交心，也是一種愛的交流，不僅能增進關係，自己也能感受到更多愛。你願意坦承以對，身邊的人也會願意說真話；你表現越多愛，就越能接收到愛。

愛的改造力

很多人常常誤以為「愛別人之前，必須先愛自己」。這個想法在許多人的心中根深蒂固，但其實沒有確實的證據支持它。的確，只要個人有些創傷沒有修復，就無法維持彼此的安全感與連結感，但對許多人而言，愛人不一定得先愛自己。事實上，通常我們是「透過」愛人以及被愛，來學會如何愛自己，關於這點，許多伴侶和新手父母可以為證。

以愛對待他人，當中包括尊重、善意、公平與同情心。平常的表現越有愛，日積月累下來就能成習慣，也會因此更加善待自己。愛是經由言行不斷練習而出現的。透過愛的表現，對方傳達出訊息，表示我們有許多優點又值得被愛。我們都是透過他人的目光評價自己，如果對方認真看待自己，我們也會認為自己有價值。有的學生成績本來不太理想，但只要得到老師的鼓勵，就會有明顯的進步。

愛所以能發揮改變的力量，是因為它能消除羞愧感。羞愧感在我們內心深處潛伏，不斷發揮影響力，然而愛的光彩卻能驅走它。回想一下，你跟朋友分享難以啟齒的祕密，或是表現出不為人知的一面，而對方以愛心接納你，那種感覺是多麼自在。本來一蹶不振的生活和沉重心情，在瞬間感到如釋重負，獲得解脫。

愛的包容力

愛能包容許多事，心胸寬大，就能接納許多想法和感覺，當中有些還互相矛盾。你知道父親是很善良的人，但也認為他有些政治觀點太古板。你想要和伴侶更加親密，但也害怕失去自己的空間。愛能創造包容的氣氛，讓這些看似矛盾的想法和感覺並存。

愛是有彈性的。我們愛一個人的時候，不會規定哪些是愛的表現，而是會試著包容甚至忍讓對方。你有個容易分心的妹妹，每次採買日用品的時候老是丟三落四，也總是忘記行事曆上的行程，但你仍然很關心她。

很多人從小接受的觀念有誤，總是用二分法看待他人：有能力或一無是處，好人或是壞人，英雄或是壞蛋，值得愛或不值得愛。這種偏頗的觀點一定會影響我們對朋友、家人或伴侶的看法。有人自然而然地以為，好的情人絕對不會讓自己失望，所以對方一有他不中意的行為，就會覺得不再愛她、想要疏離她。當然，相處有問題一定要提出來討論，但也不該對戀人或家人有不切實際的幻想。

在一段長久而穩定的關係中，彼此都會給對方一些彈性以及允許犯錯的空間。畢竟人非聖賢，我們應該要接受自己以及對方都會犯錯，才能展現真實的自我，相處起來比較有安全感，關係也會更密切而深厚。就算發生衝突，很快就能和好。彼此都不是完美的人，難免令對方失望，所以很多問題不必一直爭辯下去。太過完美主義的人，總是會忿忿不平，不斷指責對方。所以我們都不該對相處方式有不切實際的幻想。

有了愛，就能接納自己和對方不光彩的那一面，也比較能正視它。能欣賞自己的不完美，相處時就會更安心，不需要為了被愛，勉強自己要面面俱到。一旦知道對方能真心包容自己，我們就不必隱藏缺點，除了感到愛的連結，情緒上也能得到療癒。愛具有強大的醫治力，不管是自己的傷口，還是全世界的災難都能得到舒緩。

透過愛的表現，我們才能成長、更了解自己。我們因此會專注於當下的狀態，珍惜此時此刻的相處，不會一直期望未來或緬懷過去，更能覺察自己和對方相處時的體驗。在同理心和同情心的作用下，我們體會到世人皆苦，每個人都有尊嚴，也感覺到自己與他人的連結。佛教徒稱這種狀態為「保持正念」，是生命最理想的狀態。專注於當下，頭腦和心就能保持開放，並產生安全感，發現自己、他人和世界融為一體。[6]

總結一句：想要培養長久而穩定的關係，雙方都得學著坦承以對。不僅感情會緊密，個人也會持續成長，最終達成雙贏的局面。

第4章
關係中的權力運作模式

在第二章和第三章裡，我們以安全感、連結感和坦然等特質來檢視人際關係，並描述它們如何交互作用，去影響關係的品質。現在我們再增加一項人際元素：「權力」，除了檢視它的作用，也觀察它如何增強以及當事人會有什麼反應。加入了這個獨特且重要的元素後，我們就更能了解安全感、連結感這些元素。[1]

運用權力的方式很多，每個人擁有的權力也不同，也都會牽動到彼此的互動模式。權力越大，執行能力就越強，越能影響生活周遭的事情。權力感越強，自我價值感也就越高。你如何使用權力，也會影響到其他人的自我價值感，以及對方能有多少權力；對方的個人感覺都取決於你的表現。

權力包含了地位和價值感，大多會一起出現。為了建立有韌性的關係，自我價值感非常重要，簡單來說，權力感或擁有多少權力，會影響彼此的自我評價。自覺得沒有地位又沒有價值的人，通常就會想壓制對方、羞辱對方。擁有權力與自我價值感的人，就會試圖讓他人也覺得有能力與自信。因此，我們運用權力的方式有兩種，一種是全面控制局勢，另一種則是適時展現關懷。[2]

不幸的是，我們大多沒有意識到自己如何行使權力，所以通常不承認自己有控制欲，也不知道自我價值感會跟權力的發展交互影響。明白權力的運作方式後，我們就知道要以慈愛的精神，盡其所能與他人或自己相處，以增加連結感與安全感。

我們會從不同層面去控制他人，有些難以察覺，有些則十分明顯。儘管表面上看不出來，但都有一個共通點，就是透過權力要剝奪對方的權力和自我價值感。最典型的控制行為就是羞辱，它馬上會破壞連結感。舉例來說，瑪莉故意在男友面前和一位小鮮肉調情，就是為了讓男友有不安全感，這樣才可以在關係裡佔上風。她想要控制伴侶，所以羞辱對方。這種行為一定會讓彼此失去連結感。

另一方面，以慈愛為出發點，就不會想控制對方，而是運用權力去提升對方的能力與價值感，也因此能增加安全感和連結感。從慈愛的角度出發，瑪莉就不會在男友面前和其他人調情，而是會適時表達愛與感謝，讓對方安心。

在控制關係中，雙方的地位有高下之分，也會爭奪權力。在慈愛關係中，雙方的地位是平等的，行使權力是為了幫助彼此。[3]在控制與慈愛的兩極之間，有許多種運用權力的方式，有時控制成分強，有時慈愛成分強，大多數都落在中間。為了要增加關係的韌性，我們要盡可能讓彼此的地位變得平等。

爭奪權力與地位

以控制模式來行使權力，通常就會覺得自己比對方地位高，自我價值感也更高。我們總是跟他人比較，來判斷自己是否有權力和價值，來認定自己比較成功、好看、有頭腦、更有道德良知。在這種模式中，我們靠著貶低或看輕他人來提升自我價值感，反正對方不如自己，無論如何自己都不是最差的人。有這種心態的人，通常缺乏安全感，既無法控制外在世界，也無法找出方法產生自我價值感。不論你有多好看，總是有人更貌美；就算你是公司的業績冠軍，其他公司也一定有更會賺錢的人。

正如前面一章提到的，出於羞愧感和自我膨脹，人就更加想用權力控制對方。我們不想要矮人一截，覺得自己一無是處，所以努力自我膨脹，覺得自己比別人更有價值。在控制關係中，當事人更加受到羞愧感所驅使，不斷自我膨脹，陷入負面心態與攻擊行為的惡性循環。羞辱和自我膨脹都會傷害到對方的自尊，好像他們天生不得被看重，對方也就會以其人之道，還治其人之身。[4]

權力控制的惡性循環和假象

有強烈控制欲的人，會想不斷行使支配權，要對方服從。不論是人與人之間，或是群體對群體，都會出現這種控制關係，包括性別暴力、種族屠殺、奴隸制和剝削動物等。受害者被奪走所有的權利和自主能力，被當成沒有價值的次等生物。所有的剝削行為，都是為了奪走對方的權力。

不過，生活中大部分的控制手段都不明顯，但運作原理都相同，都是在施展自己的權力，企圖影響對方的心理，而不是操控對方的身體。在心理上控制對方，並不需要奪走他的自主權，畢竟那是與生俱來的。相反地，我們只需要破壞他們的自信心就可以了。一旦他們開始不信任自己、質疑自己的經驗，就會失去自主能力和信心，取而代之的是自我懷疑、不安和羞恥。

有天你興奮地告訴姊姊，自己等了好久終於升職了，就算沒有加薪，但有了新頭銜和更多施展空間。姊姊回答說：「總算輪到你了，其他像你一樣資深的同事早就升職了，而且他們也有加薪，不是像你一樣做功德自願服務。換做是我，一定氣壞了，絕對笑不出來。」這些評論似乎在暗示，你不是因為自己的價值而獲得升遷，你以為的成功其實是失敗。換句話說，你白高興了一場。聽見這些評語，你的興奮、自信與榮耀瞬間消失，整個人都洩氣，開始自我懷疑，覺得很丟臉。

在權力控制的模式下，人與人的相處會陷入惡性循環。出於各種原因，我們會剝奪他人的權力。有時只是單純想掌控別人，但是關鍵原因是，我們感覺自己的權力在流失，而且只知道一種恢復自我價值的方式，就是去貶抑他人的尊嚴。

權力控制是一種假象，把自我價值寄託於外在的事物，只想高人一等。不過它的效用一下子就會消失，所以需要不斷行使。事實上，權力控制的程度越強烈，等到效力一過，就會感到更加沒有權力。這些都不是正直的行為，也違反核心的道德價值，只會不斷侵蝕自我價值感。

上頭談到，你跟姊姊談到升遷時，對方展現了優越感。假如你當下回罵，說她的工作也是不上不下，有什麼資格批評你；接著雙方都不斷提高回擊的力道。吵著吵著，你們其中一人發出最後一擊，完全粉碎對方的自我價值感，於是認輸，疲憊地結束談話。

吵贏的人一時半刻會覺得權力不斷膨脹、洋洋得意。但冷靜下來後，罪惡感便悄悄出現，貶低自己的親人不是什麼光榮的事。你心知肚明，剝奪他人的權力根本不算什麼成就，實際上沒有人是贏家。

我們有時不得不行使權力，必須去控制他人。研究顯示，處於有權力的位置（如老闆、父母或身分階級較高），就很容易去剝奪去他人的自主能力。因此，不管現在處於什麼地位，我們都要學著去適應權力感造成的心理效應。[5]

心理病態、自戀和權力控制

有一些人行使權力控制不是因為自我價值感低落，而是單純喜歡有權力和控制他人。他們天生沒有同理心，不大能理解別人的立場。值得注意的是，當中一些人屬於「反社會型人格障礙」，或可稱為「社會病態」、「心理病態」或「自戀型人格障礙」。有這些精神障礙的人看起來跟一般人沒兩樣，甚至更有魅力。然而，他們被病態人格困住，只想不斷累積權力和滿足控制欲，從來不想反省，也無法真心尊重他人。[6]

雖然有些人的狀況還沒完全達到「反社會型人格障礙」或「自戀型人格障礙」的診斷標準，但言行已經有許多病態徵狀，不只會傷害他人，也會破壞自己的人際關係。醫生稱為這些人「在確診的邊緣」，若能找出這些人，對大家都有幫助。[7]因為只要早期介入，不只可以減緩他們的症狀，避免它們發展成難以治癒的精神疾病，也可以避免他們傷害身邊的人。

這兩種精神疾病的患者會嚴重傷害身旁的人以及社會大眾。他們權力欲和控制欲都很強大，缺乏同理心卻又魅力十足，因此很容易爬到很高的位子。看看歷史上數不清的暴政獨裁者、毫無良知的企業家便可得知一二。有些人則是很會操作人際關係，不斷玩弄他人的感情。

許多關係問題都可以解決，只要明白其中的權力運作，就知道要如何減低彼此的控制欲。不過，如果對方是「自戀型人格障礙」或「反社會型人格障礙」，他就不太容易說真話，趕快結束和他們的關係才是明智之舉。如果是脫離不了的關係，例如父母或手足，那麼了解這些病態人格的特質就很有幫助，才知道該如何保持自身安全。[8]

維持權力平等，就能互相合作

相處時強調地位平等，那我們的權力感就不是來於自貶低對方，而是賦予他們權力，並提高他們的尊嚴，讓他們感覺更有自信和價值感。因此，你可以去支援一個沒信心的同事，和他一起達到目標。你不帶批判地傾聽弟弟的心事，他覺得很羞愧，因為無法一直維持良好的飲食習慣。只要能維持權力平等，彼此就不會感到羞愧。在這種相處模式下，你們是發揮同情心，而非試圖控制對方，因此更能對彼此說真話，安全感和連結感也強。

試圖用權力控制對方，關係就會陷入惡性循環。相對地，維持權力平等就能創造正向的回饋。賦予對方權力，啟發他們的自信心，我們也能受益。提升他人的能力、創造其自我價值，自己也會成長。在權力平等的模式下，對方過得更自在，我們也能活得更坦然。

挖苦、諷刺、忽視也會造成權力失衡

試圖用權力控制對方，彼此的地位就會不平等，隨著時間過去，關係會更加惡化。[9]事實上，一開始就想控制對方，就是為了強化彼此地位的不平等；有時雙方都會不斷較勁想壓制對方。日子久了，地位高的一方獲得更多權力和控制力，地位低的一方則失去自主權。相較之下，雙方維持平等的地位，隨著時間發展，權力會更加平衡。

不管是控制型或平等型，雙方權力的增減取決於互動方式。通常一開始進入關係時，雙方是處於權力不平衡的狀態，因為個人的權力受到許多因素影響，包括你的身分、性別與階級，還有你在關係中扮演的角色以及人格類型。通常白人企業主管比拉丁裔的幼兒園老師有更多權力，因為人們比較會重視他的想法、需求與感覺；父母、老師都比小孩更有權力。[10]

不論一開始彼此的權力有多少，只要有一方想要施展控制欲，就算他不是直接表達出來，都會導致互動模式越來越失衡，最後陷入地位不平等的關係。間接控制的方式很多，如挖苦對方說：「上健身房很棒，畢竟你假日都吃得很多。」。有的人則是會逃避溝通，不想參與不感興趣的話題。還有人會故意忽視對方，不接電話、拒絕表達看法，甚至不斷疏遠對方，不去滿足對方基本的需求。

單方面判定事實，就是在控制對方

在互動過程中，自我價值感會受到對方的評價所影響。就像另一半誇你好看，你就會覺得自己有吸引力，更有自信。

權力不平衡時，地位低的一方無法建立自信心，所以會一直接受對方的評價；但地位高的一方就不會受到對方影響。此外，地位低的一方也會相信對方所描述的現實情況。就像父母會對孩子說：「你怎麼這麼笨！」孩子就深深相信了。

在控制型的關係中，權力會越來越失衡，主要是因為，地位低的人是透過對方的評價看自己。這種互動持續越久，他就更不相信自己的眼光，而只相信上位者所描述的現實。他最後還會替對方的言行找藉口：「他最近工作壓力比較大；我也不是那麼容易相處。」受控制的一方都把注意力放在對方提出的要求，而忽略自己的需求；他的想法和生活圈只以對方為中心。控制者則會孤立對方，如切斷外界的訊息，以免他得知真實的情況。

所有的控制行為都有一個特點，就是「單方面判定事實」。只要能掌握現實的詮釋權，就能影響對方對自己經驗的看法。控制者自認最了解對方的想法或感覺，即使對方怎麼解釋都沒用。單方面判定事實，是打從心裡不尊重對方，也會慢慢構成精神虐待。在最嚴重的情況下，有些人會進行「情感操控」(gaslighting)，故意讓對方失去主見和看法，奪走他們的自主權和信心，讓他們陷入自我懷疑、不安和羞愧的陷阱。

日常中有許多傷人的行為，也有很多人會單方面判定事實，試圖影響他人的看法。在成長過程中，長輩都教我們要用自己的角度理解事實，也會試圖影響我們的觀點。所以我們很少發現自己或他人在判定事實。很多父母都警告小孩：「你太吵了，這些事情有什麼好哭的！」小孩想吃東西，父母也會質疑：「才吃過午飯沒多久，你只是嘴饞而已。」孩子長期以來認知被扭曲，就會不相信自己的體驗，不斷質疑自己的看法，忽略身體和情緒發出的信號。這種操作的影響力也跟性別相關。男人常常到了臨終前，才承認自己有痛苦和需要幫助。女人常常不斷揣測事情的經過，一直沉浸在憤怒和所受到的傷害：「他這麼說是不是在貶低我？是不是我想太多了？」。[11]

控制行為持續發展，就會變成虐待關係

不幸的是，許多場合都出現虐待關係，包括家庭、公司或是伴侶，不過往往彼此都沒被察覺，所以糾纏了一輩子。我們一定要了解這種互動模式，才能察覺端倪，進而預防或終結虐待關係。

所有的控制型關係都會出現暴力言行，只是程度上有所不同，行為的頻率、強度和動機也不同。在最嚴重的虐待關係中，有一方會不斷控制，有意識或無意識地維持主控的地位。家庭暴力與虐待關係的專家班克羅夫特（Lundy Bancroft）指出，施虐手段是刻意計畫好的，目的是為了維持權力和長期控制對方。[12]

目前最常見的虐待方式就是情緒虐待，也稱為心理虐待。當然，所有的虐待行為都帶有情緒，沒有純然的身體虐待。我們被信任的人毆打，情緒和身體都會受到創傷。

透過心理虐待，施虐者企圖減弱對方的權力或羞辱一番，讓對方越來越難反抗，易於控制。不管在家庭或工作場所，施虐者都會運用類似的心理戰術。同樣地，新興宗教領袖、獨裁者以及野心家，都會設法擁有至高無上的掌控權。透過精心的

操弄手段，他們奪走了受害者的自主權，把他們變成順從的奴隸。在更嚴重的情況下，受虐者會維持虐待關係，不再反抗。

為了達到目的，施虐者掌握所有的話語權，讓受虐者看不出來自己正受到控制；他不相信自己的看法，也不敢質疑施虐者的一言一行。施虐者會把責任推給對方：「這麼做都是你逼我的，我都是為你好。」或是故意大事化小：「事情沒有那麼糟糕，是你反應過度了。」受虐者不僅違背了自己的意志，自主權和自尊也會大受傷害，最後失去反抗的意念。就像在戰爭中，囚犯被迫去殺害自己的同袍；或是妻子被丈夫家暴，進而無法照顧小孩。施虐者在受虐者心中建立一座無形的監獄，效力和真正的牢房一樣。旁觀者通常很疑惑，質疑被家暴的太太為何不離婚，被主管霸凌的員工為何不辭職，或是被情緒勒索的兒女為何不斷絕親子關係。

情緒虐待讓人身心俱疲，受虐者的自我價值感不斷下降，也越來越不信任自己的看法，情緒越來越不穩定、焦慮感升高，卻不知道問題出在哪裡。他們內心也累積許多不滿，但因為身處受虐關係中，為了人身安全或擔心害怕，便無法說出真心話。長期以來，他們會用各種直接或間接的方式壓抑情緒。舉例來說，受虐者的家人曾經到家中探訪，可是施虐者卻找藉口不告訴受虐者，這名受虐者在悲憤交集下，情緒崩潰便哭了起來。在這種情況下，施虐者更覺得受虐者情緒不穩定、思緒雜亂，難以討好。在異性戀的虐待關係中，最容易看到這種互動模式。關係專家瑞爾（Terrence Real）提醒大家，容易歇斯底里的女性，如果配上看似冷靜的男性，就很有可能發展成虐待關係。[13]

根據統計，在虐待關係中，很少雙方都是施虐者，通常只有某一方在施暴。[14]而在異性戀關係中，施虐者通常是男性，畢竟從先天生物條件來看，女性會比較弱勢。[15]一般而言，男人在成長過程中，會不斷學習各種權力控制方法，這樣才能成為所謂的「真男人」；而女性在社會的要求下，傾向於當個好配合的伴侶、自主性低。當然有的施虐者是女性，畢竟除了異性戀伴侶外，同性伴侶、親子關係也都會出現虐待言行。

許多心理學家和普羅大眾都認定，關係出了問題，雙方都要負責任，因為「一個巴掌拍不響」。這種錯誤觀念非常危險。不過，在權力控制的關係中，雙方的地位並不均等，衝突通常是某一方引起的。再說，不論你的另一半做了什麼，都不能當成暴力行為的藉口。

創傷羈絆（Traumatic Bond）

虐待關係會依照可預期的發展模式不斷循環，導致雙方在情感上病態地依賴彼此。這種循環包含三個階段。首先雙方處於蜜月期，施虐者殷勤示好，受虐者沉浸在熱戀的喜悅中。接著進入緊繃期，施虐者越來越不滿足，受虐者發現自己做什麼都無法滿足對方。最後施虐者情緒爆發，施加言語暴力，並夾雜肢體暴力。接著，蜜月階段再度出現，施虐者道歉、試著重獲對方的信任，不久後又進入下個階段。這樣的循環在關係建立的前幾年會反反覆覆出現。

在每個階段，施虐者都能維持控制力與優勢地位，隨著時間過去，兩人的羈絆會更深。而且在非伴侶關係裡，雙方甚至沒有經過蜜月期，例如親子關係。在大部分的關係裡，我們都可以觀察到這個循環。不過，如果當事人不是為了施展權力和控制對方，粗暴言行也是偶爾才出現，強度不高，那就稱不上虐待關係。

弔詭的是，在虐待循環中，受虐者會對施虐者產生強烈的依附感，有人稱之為「創傷羈絆」，或染上「斯德哥爾摩症候群」。我們在第二章討論過，這種模式有點像關係成癮，但創傷羈絆背後有個創傷事件。施虐者編造故事，試圖隱藏和合理化自己的虐待行為，以此加深對方的羈絆。

虐待關係的指標

怎麼知道自己正身陷虐待關係？專家認為，最重要的指標是自己的感覺。諷刺的是，受虐者反而無法信任自己的感覺。下列幾個問題有助於辨別情況：

＊發生衝突時，我是否害怕被對方恐嚇，身體和情緒都有畏懼的反應？
＊對方有尊重我嗎？
＊對方願意聆聽我的想法、感覺和需求，並且認真看待問題嗎？
＊把自己的擔憂提出來討論後，最後對方話鋒一轉，焦點全放在我做錯了什麼。
＊不論我多麼努力溝通，對話內容永遠沒什麼建設性。
＊是不是經常有罪惡感？
＊是不是過度注意彼此的關係，一直想找方法改善？
＊是不是覺得自己快理智斷線？
＊心情是不是隨著關係好壞而起起伏伏？

*對方難以取悅，我始終對於現狀感到不安，很難有踏實的感覺。
*自信是否減低了？
*越來越難相信自己的體驗與看法。
*衝突完兩人和好之後，還是擔心自己又會說錯話。
*發生衝突後，對方是否負起責任，確實自我檢討，避免以後再發生類似問題？
*我希望對方負起傷害我的責任，但他反而羞辱我，抱怨我要求太多、意見太多。
*總是有口難言。
*我想挑戰他的權威，對方卻反控我想控制他。
*我感覺低人一等，在他面前抬不起頭。覺得自己一無是處，什麼事情都做不好。

施虐者動不動就發脾氣，但受虐者連抱怨的權利都沒有。如果受虐者能察覺到自己的憤怒，就比較不會一再容忍對方的惡行惡狀。為了讓受虐者不生氣，施虐者最常用的招數，就是讓對方不知道自己有沒有被公平對待。受虐者一抱怨還會受到懲罰，使他不敢再多說一句。比方說公司的主管霸道又蠻橫，你在會議上忍不住抱怨了一下，工作量分配不均，心裡不太好受。這時老闆卻開始長篇大論，強調他為公司做了多少犧牲，員工又懶又不知感恩。講到最後，老闆覺得很失望、自己被糟蹋了，一言不發就離開會議室了，完全沒有回應你的問題。事實上，老闆向你傳達的訊息是，有意見的員工一定會付出代價。

虐待關係一定會產生創傷，受虐者一定會經歷某些「創傷後壓力症」的症狀。[16]這些症狀甚至在關係結束後也不會消退，它們不是懦弱的象徵，而是受虐的自然反應。理解這個道理，受虐者才有機會治癒。

請留意，如果有讀者認為自己處在虐待關係，那麼你們的互動方式已超過本書的討論範圍，最好的辦法就是結束這段關係。如果你有人身安全上的疑慮，必須立刻採取行動，尋求協助資源，以保護自己和家人的安全。[17]

控制關係 VS. 慈愛關係

圖4.1列出一些相處時的感覺和狀態，呈現出權力控制和權力平等的特色。[18]光

譜最左邊是虐待與暴力的言行，最右邊健康和非暴力的相處方式。

控制關係 以權力壓制對方	慈愛關係 以權力幫助對方
剝奪權力	賦予權力
中斷連結	創造連結
沒有安全感	擁有安全感
因為羞愧而自我膨脹	自豪而謙卑
競爭（你死我活）	合作（雙贏）
說謊、有所隱瞞	坦承以對
權力失衡	權力平等
傷害尊嚴	提高尊嚴
關係名存實亡	關係穩定維持
侵犯對方隱私	尊重彼此的底線
不安依附	安全依附
製造創傷	培養愛

圖4.1關係光譜

需要自我保護的四種個人領域

每個人都有底線和界限，以保護個人領域，包括身體、心理、性和情緒。在關係的大道上有很多車輛，界限就像分隔島一樣，一越界就會發生交通事故。用路人會受傷，不是因為其他駕駛的態度或感覺有問題，而是他的行為超出界限，開到錯誤的車道上。侵犯他人的身體、心理、性自主或情緒，就是超出了界限。

身體的界限屬於物理世界，包括我們的家、車子和擁有的物品。我們需要保持一定的距離，才會感到人身安全以及受尊重。若靠得太近、越過這個界限大舉入侵，我們馬上就會知道，判定對方行為越矩。就像跟陌生人講話時，對方越靠越近，我們就會感到不舒服；我們更不會允許隨便什麼人進到自己的房子。

心理界限能保護感覺和想法。如果有人不斷質疑我們的動機和感覺，我們也會覺得受侵犯。有天你和好友約在餐廳吃飯，結果你因為塞車遲到了，雖然不斷解釋，但好友卻堅稱你是故意的，是為了報復上次參加同學會時他晚到。

性空間也一樣，不經允許不得進入。有些男性喜歡在路邊調戲女性，那根本就是一種騷擾，尤其是評論女性的身體部位和開黃腔。除此之外，就算是伴侶，如果彼此沒有同意，也不能超過這個界限。

情緒界限能保護我們的情緒和需求。你痛失愛犬後悲傷不已，同事卻說：「你也太誇張了，不過是死了一條狗。」你一定會覺得情緒界限受到侵犯。

不可侵犯的界限

有些人覺得自己有資格控制和虐待對方，認為自己有權跨越對方的界限，掌控他的行為、想法和感覺。矛盾的是，這種人卻不允許自己的界限被侵犯。有的丈夫是控制狂，會管控另一半的交友範圍，就連何時做愛也要聽他的；但妻子任何事都不能有自己的意見。在這種控制關係中，你馬上會察覺到對方不斷在踩線。

不過，在權力平等的關係中，我們重視安全感和連結感，會尊重對方的各種界限。我們不會隨意觸碰對方，也不會查看對方的私人物品，也不會下指導棋，告訴對方該怎麼想、怎麼感覺或有什麼需求。

明白表達自己的界限

通常我們不會故意跨越他人的界限，但每個人的標準不同，除非對方清楚表明，否則很難猜中。舉例來說，一般人通常不大清楚素食者的界限在哪，畢竟我們沒有特殊的飲食訴求，不會因為看到桌上的葷食而痛苦不堪，但許多素食者會難過。因此，我們無意間在素食者面前大口吃肉，也許就侵犯到對方的界限。[19]受到侵犯的人得表明自己的界限，提出具體的要求，讓對方知道怎麼做才不會尷尬。這樣才能保護自己，也給予對方機會去尊重自己的需求。

有些行為明顯侵犯界限，例如無端調戲、好為人師或是隨意批評。不過，有些行為是否越界就因人而異。要判斷自己的界限在哪，可以問問自己，什麼行為會讓你沒有安全感或連結感。

不過，找出自己的界限不太容易。有些人太有同理心，很能為他人著想，卻不知道自己的需求。有些人經歷過創傷，界限被信任的人所侵犯，因為還沒復原，所以沒辦法回到人群中。如前面章節也提到，有些人則一直處於權力關係的下端。

關係專家瑞爾指出，適當的心理界限有助於保護雙方的尊嚴，連結感也不會因此喪失。[20] 如果你覺得很難保護自己的界限，也常常不小心侵犯他人的界限，那麼我勸你努力培養自信心。[21]

只要真心關懷對方的人身安全和福祉，我們就能改變互動關係，從權力控制轉變為權力平等。仔細檢視自己的行為和動機，盡可能尊重彼此的界限，並運用本書介紹的方法，就可以慢慢從「控制關係」走向「慈愛關係」。如果你們的相處已經非常順暢，那運用這些方法，就可以讓關係更加圓滿。

第5章

增強人際關係的免疫力和復原力

人類是各種文化與社會系統的產物，每個系統都會影響到我們對自己和他人的想法與感覺。系統內的各個元素互相連結，就像一齣舞蹈，當中有舞者、音樂和舞步，每個元素都是重要的零件，缺一不可。[1]表演時各種元素俱足，就能讓觀眾和舞者產生安全感和連結感。

人際關係也是一種系統，零件包含關係成員、人際規則、社會規範以及彼此的期待。有的系統只有兩個人，如伴侶、夫妻。有的系統成員多達數百萬人，比如國家或社會。兩人關係比較單純；較大的系統中就有大大小小的各組關係。

舞蹈有不同的風格，每個系統也有自己的特性，它取決於成員的個性、行為以及互動方式。在一個家庭中，除了家人本身，彼此的互動模式也會形塑獨特的家庭風格。有些家庭很歡樂、家人總是直來直往，有的家庭氣氛保守、不易流露情感。

不過，有些系統並不健康，當中每個成員都缺乏安全感和連結感。第一章提過，有些系統中蘊藏難以辨識的「關係病菌」。想要改善關係或自己的生活，必須了解這個系統的性質以及它如何影響自己的重大選擇。掌握它的特點，就可以著手改變它，強化想要追求的安全感與連結感。

人際關係的角色和規則

在一個系統中，「角色」是我們扮演的身分，「規則」則是言行的指引。

五種家庭角色：照顧者、代罪羔羊、吉祥物、小丑以及害羞的小孩

有些角色很明確，身分與功能非常清楚，如丈夫、母親或老闆。有些角色沒有既定身分，彼此也沒有明講，但在親密關係中，一定有人扮演「緊迫盯人者」或「過度操勞者」，但也有人是「逃避問題者」或「不負責任的人」。有的人連最基本的功能都做不到，如保持房子整潔或準時支付帳單，扮演的角色比較像是孩子，過度操勞者就得扮演家長的角色，擔負最多責任。過度操勞的人通常比較重視道德原則，

不負責任的人道德感則比較低落。

在家庭系統裡，有成員有成癮、心理健康問題，或是一同面臨沉重的壓力時，另一名成員就得扮演特殊的角色，幫助家人控管壓力，以因應變局。但日子久了，家人所扮演的角色就會失衡，而且還無法調整回來。

在家庭裡，我們會把麻煩製造者稱為「代罪羔羊」，他們的問題包括酒癮、愛賭博等。這個人確實造成大家的困擾，但他的不良行為通常要歸咎於家裡潛藏的緊張關係。家庭治療師稱他稱為「被認定的病人」（identified patient），要背負所有家庭問題的責任。有的妻子會說：「如果丈夫可以振作起來，我們家就會變美滿！」然而，代罪羔羊只是體現出更深層的家庭問題。代罪羔羊也常被當成害群之馬，也就是不合群又有點古怪，被家人誤解和排擠。因此大家才能忽視家裡的關鍵問題，繼續讓所有人扮演失衡的角色。

相對地，家裡也會有個「照顧者」（caretaker）去照顧代罪羔羊，甚至負擔整個家庭的責任。他有時是「親職化」（parentified）的子女，扮演父母和手足的家長，照顧所有人。在照顧者的承擔下，有問題的成員就不用面對自己的行為後果，所以有人繼續扮演失衡的角色。為了照顧有酒癮的家人，有些子女或伴侶必須常常向公司請假。

家裡也會有成功人士、特別有成就感，專家稱之為「吉祥物」（moscot）。他在學校成績優異，出社會也有很棒的工作，只要有這樣的人物，就代表家庭沒有問題。但事實上，某一成員特別優異，也會讓其他人忽略或否認家裡的功能失去平衡。

家裡面也會有「小丑」，用他獨到的幽默感來舒緩家人的壓力。他是個開心果，讓大家暫時忘卻家裡要面對的問題。

還有一個是「害羞的小孩」，他通常不引人注意，也不常參加家庭活動，他不會做出越矩的行為，以此維持家庭穩定。

我們會帶著自己的家庭角色長大，在往後的人際關係裡，再次建立有問題的互動方式。照顧者總是忍不住想去照顧、拯救其他的代罪羔羊、害羞的小孩或弱者，但自己最後卻一無所有。找出你在原生家庭中扮演的角色，才知道你在當前人際關係中所處的位置，也許就能改善目前既有的相處問題。

明確的規則以及相處的默契

透過規則，我們清楚自己扮演的角色，知道在系統內該做什麼、該怎麼看事情。

家裡的規則通常由父親訂下，或是由緊迫盯人者來主導大部分的決定。有些角色有明確的行為指南，但有的沒有。舉例來說，家中最常見的行為規則就是「不可罵髒話」或「不可有婚外情」。但有一些規則是家人長久的默契，比如說子女不敢討論爸爸的酗酒問題，不要讓好賭的丈夫管錢，也不要管家裡那個害群之馬怎麼生活。大部分的規則都不明確，我們大多都是憑默契行事，但即使沒有明講出來，每個成員的經驗都深深受它們所影響。

關係間的差異 VS. 僵化的角色

彼此的歧異沒有積極處理的話，那各自扮演的角色會越來越僵化，行事作風就會南轅北轍，互相對立。就像你的個性保守，但合夥人卻喜歡冒險，一開始彼此對財務管理各有主見，但都還有交集處。不過，每次開會你一再強調要節流，但合夥人卻提出各種投資方案，日子久了，你們的想法跟立場就會越來越極端。兩人都覺得自己是對的，無法把對方的觀點納入考量，於是漸行漸遠。有時我們需要和立場不同的人相處，才能清楚掌握自己的想法，被挑戰後，便能確立自己的立場。

想法一有分歧，我們就得好好反思，對方的想法也許有其優點，不然彼此的立場就會越來越極端。家人或伴侶常常爭論同樣的議題，有一方越不願妥協，另一方反抗的意志就更堅決。心理學家說，這種互動模式就像疊高比賽一樣，有人堅持立場，就有人故意唱反調。拿這對夫妻來說，喬依凡事需要人提醒，老是忘記跟人有約或是東西擺放在哪裡；威廉則是操心過頭，一直跟著喬依後面幫忙收拾，還提醒她每日的行程。日子久了，威廉擔負的責任越來越重，就越把喬依當成無能的太太；喬依覺得自己一事無成，也乾脆放棄改變。最後兩人的角色再也無法轉換，喬依一輩子都要人照顧，威廉則自認是勞碌命。

角色越來越僵化，彼此就會以為生活方式只有兩種相對立的選擇，非黑即白：「家長」或「小孩」、「黏人精」或「孤僻王」、「節約生活」或「盡情享樂」。其實，每個人都扮演過不同角色，也有不同行事風格，有時很負責、有時很任性，有時需要親密、有時想保持距離，我們都有道德感，也難免自私。因此，人與人的差異只在於哪些屬性高、哪些屬性低而已。

關係病菌會改變互動方式

我們在第一章提過，外部的壓力源會影響到彼此的安全感和連結感，比如說家人重病或失業。這些因素就像病菌一樣，一定要找出來做適當的處理，才能有效維持關係。不妨把關係想像成一個湖泊，它本身有精密的生態系統，只要保持平衡，湖泊一年四季都會充滿生機。生態系統失衡時，如受到汙染或遇到旱災，湖泊就不再是健康的環境，裡頭的魚、青蛙和鴨子如果沒地方可去，自然就會生病。

關係病菌何時會造成壓力？最有效判斷的辦法是，先找出關係的第三影響因子。心理學家發現，兩個人的關係，出現了一個破壞元素，就會形成「三角形」互動模式。破壞元素包括外遇、酒癮等等負面行為，它改變了兩人原有的互動模式。這些元素會成為關係病菌，但人們常常沒有發現，更沒有著手處理。

如果你依照本書建議的方法去處理人際關係，還是發覺安全感和連結感減弱或受到威脅，那就要確認看看是否有外部壓力源造成三角互動模式。彼此的生活有什麼變化？為何無法跟對方說真話？彼此的相處受到什麼外部因素所影響？

請找出影響關係的第三元素，把它當成關係的入侵者。這麼一來，你們就能隔開病菌，一起保護這段關係，不讓彼此受到更多傷害，也不會相互爭吵是誰造成問題。第二步，你可以應用本書提到的原則與方法去維持關係的穩定，對治這個病菌，以恢復安全感和連結感。最後，你要充分了解自己正在處理的關係病菌，這樣才能有效處理。如果你發現對方患有「注意力缺失症」，那就先得去了解這個疾患，確認相關的症狀，找出它對關係的特殊影響以及應對之道。若關係病菌是外遇，伴侶關係和個人都會嚴重受到傷害，一定找出解決問題的辦法，必要時可尋求外部資源的協助。

心理學家和社會學家提到，系統可分成封閉和開放兩種。在「封閉系統」中，成員抗拒改變；而「開放系統」的成員會勇於跨出舒適圈。當然，封閉和開放有程度的差別，並不是非黑即白，所以可以排成一個光譜序列。

在絕對的封閉系統裡，角色和規則都僵化而無法改變。成員只想維持現狀，以不變應萬變，即使相處的情況非常不理想。有一些夫妻相處不來，彼此卻都有一長串不願改變的理由。他們必須扮演演好自己的角色、遵循既定規則，否則會被踢出這段關係。在你受雇的組織裡，每個人都被迫一人當兩人用，如果你也這麼做，大家都會接受並讚揚你；如果你膽敢反抗，大家就會把你當成爛草莓，想辦法開除你或逼你離職。

在封閉系統中，自然也有權力不均的現象。有些人的權力比較大，還會影響其他成員的態度、感覺和行為。例如，在傳統的家庭裡，父親的觀點、心情和行動比較有權威，其他人就沒這種影響力。大家會拿爸爸說過的話當成擋箭牌，或是在他心情不好時，閃到一邊去。

有時封閉系統好像快開放了，但事實上沒有，只是角色互換。拿這對夫妻來講，太太是過度操勞，先生對家事不聞不問。太太一直在抱怨先生沒有分擔家務。突然有一天，先生洗心革面開始做家事，太太反而覺得掌控權被奪走，不再被人需要，所以態度變得消極起來。酒癮者戒酒時，本來的照顧者會突然失去重心，感到消沉沮喪。所以，系統依舊維持原來的配置，只是互換角色，互動關係一樣沒變。

在開放系統中，角色比較不會僵化，隨著關係和成員的進化和成長，規則也會有所修改。比方說，你的另一半辭掉工作，回到學校去充電，之後想從事更專業的工作。但你願意接受這樣的改變，不會覺得關係受到威脅。

權力統治——人際關係中的平等與不平等

在第四章我們討論過，運用權力的方式有兩種。有的人掌控欲強，只想控制對方，以權力支配他。另外一種人則願意和他人共享權力，平起平坐。以權力控制對方，就是為了保持自己高高在上的地位，這不只會奪走對方的自主權，彼此也會漸行漸遠，最後造成雙輸的局面。在平等模式下，彼此地位不分高下，我們願意賦予對方權力，進而產生連結感，最後達成雙贏的模式。

在封閉系統中，成員一舉一動都是在施展權力，所以可稱為權力控制系統或「權力統治」(powerarchy)。[2]和其他系統一樣，權力統治的規模從兩人到數百萬人都有。[3]不論人數多寡，權力統治的運作方式都一樣，內定的角色和規則都是為了維持權力不均。有的角色有過多的權力，有的角色一點權力都沒有。這個系統的規則，都是為了防止人們發現真相，並鼓勵人們維持權力不均的現況。

權力統治會世世代代延續下去，成員越是循規蹈矩扮演好自己的角色，就越不會挑戰這個體制的正當性，並強加這些角色的功能。某些成員在某段時間內是既得利益者，但最後所有人都會嘗到惡果。畢竟，行使權力控制他人時，我們就無法展現正直的一面，連結感與安全感就不斷下降。

每個人都受社會權力所控制

每段關係都是一個小系統，從屬於更大的系統之下，也就是社會。我們都是社會的一員，各種關係也受它所影響。在社會這個大系統下，我們被迫扮演一些無形的角色，遵循一些潛規則，個人的關係運作也深深受它們所影響。社會系統的影響大多難以察覺，但卻是破壞力強大的關係病菌。它會入侵我們的關係，在我們發現問題前，就已經破壞關係的免疫系統。

大部分的人不知道自己受社會權力所影響，不知不覺學會了負面的互動方式，進而破壞家庭關係。我們把壞事推諉到他人身上，每天吵吵鬧鬧，無法面對問題並一同對抗關係病菌。最後，我們再也無法對彼此說真話，安全感和連結感降到低點，這不是因為我們沒有道德感或冷漠，而是不知道問題出在哪。

這些社會權力包括宗教信仰和意識形態，當中會夾雜種族歧視和性別偏見，深深影響好幾代的教育和文化。在社會權力的影響下，我們會認真看待某些人的意見，深信他們的需求，同意他們有權表達憤怒，甚至連歷史觀都受到他們所影響。

特權階級 VS. 弱勢族群

社會權力對人際關係的最大影響在於，它會賦予各個群體不對等的權力，有些角色的權力因此比較大。[4]每個人扮演的角色都由自己所屬的社會群體所決定，包括白人、有色人種、男人、女人、健康者、身障者等等。有些族群佔有優勢，人數也比較多，比弱勢或少數族群更有權力。

每個人不只屬於一個群體，所以權力要加總起來才能看出高下。例如你是白人但家境貧窮，但朋友卻是有錢的黑人，那麼雙方的權力就稍微均等。又比如說，你是男性的穆斯林國家移民，但女友是美國土生土長的基督徒，那兩人的地位也就稍可抗衡。當然，我們不是要追求權力完全均衡，總是有些人獲得的權力較多。我們也無須斤斤計較關係中的權力數值，重點是要了解，人與人的互動模式都是受社會所指派的角色所影響。

社會學家認為，擁有較多社會權力的人便是特權階級，相對的一方就是弱勢或受壓迫的族群。前者被賦予特別的優勢或權利，更容易達到人生目標，還能夠影響或控制其他人。一般來說，特權越多，人生就越成功，地位也越高。特權階級在系統裡的重大功能就是要維持不均的狀態。研究顯示，大部分的成功企業家，其財富不是打拚來，而是繼承家業得來的。[5]

階級越高，房子越大、講話越大聲，大家也要看他臉色

特權階級會擁有較多的居住空間，有錢買得起豪宅，還附有游泳池跟花園。但

是這些空間都是從他人手中獲取的，例如地產開發商會到處收購老舊的社區或農地。

特權階級通常沒意識到自己侵入了其他人的空間，看不見自己所作所為對周遭環境的影響。他們會很在意自己的界限有沒有被侵犯，卻不關心自己影響了別人的權益。想想看，你去朋友家，想摸摸他養的小貓，但是小貓怕生，蜷縮在房間角落，害怕地發抖。看到牠這個樣子，你應該會尊重牠的界限吧？還是強硬把牠抓過來，不管牠怎麼扭動掙扎，都要把牠抱在懷裡把玩？

特權階級佔據的包括討論空間，也就是主導談話內容，研究顯示，優勢群體的成員講話都比較大聲有力。[6] 在男女比例接近的大學班級裡，大部分時間都是男性在說話，只要女性說話時間超過整過比例百分之二十五，雙方都會認為這樣太強勢了。[7]

有優勢的人也會佔據情緒空間。在辦公室裡，通常只有老闆才能左右團隊的氣氛，他心情好就沒事，心情不好時，大家皮最好繃緊一點。只有特權階級才可以生氣，弱勢的人只要有一點點抱怨，就會被說是難相處、太愛計較。這樣才能維持系統內的權力不均。弱勢族群常被貼上標籤「就是愛生氣」，即使他們是對事不對人。社會上在討論性別歧視問題時，女性再怎麼溫和地表達不滿，也會被當成挑釁和攻擊男性。甚至有人說她們是「兇婆娘」，彷彿她們的憤怒是因為個性不好。事實上，遇到權力不均的情況，人們都應該適當表達憤怒情緒。

主流的社會敘事如何影響人際關係

在權力統治下，有一方會刻意扭曲事實、主導觀點，企圖影響關係發展。擁有較多權力，就更有辦法讓眾人接受他所描述的事實，就算客觀的事實不是如此，哪怕有人提出相反的第一手證據，都無法撼動。大部分人都不會主動爭取權力統治賦予的特權，也都不知道自己擁有那樣的權力。但如果不了解這種互動方式，我們的人生和人際關係就無法掙脫它們的掌控。

每個人都會依據自己的信仰和觀點創造人生故事，它構成了我們認知到的現實。人生故事有些是個人經驗，也有一部分是從文化繼承來的劇情設定。伴侶背叛你之後，你會在心中反覆描述這個故事，再也不願信任別人。在保守宗教家庭長大的人，就會繼承上一代的觀念，在你的人生故事中，異性戀才是上帝創造的正常人，其他性向的人都有問題。

不是所有故事都有一樣的價值。有些故事權力比較大，比較有分量、也很少人會去質疑，即使看起來漏洞百出。在權力統治下，地位高的人或優勢群體所講述的故事便是「主流敘事」(dominant narrative) 或稱為「社會主流敘事」(dominant social narrative)。在控制關係中，優勢者當然會相信己方的故事，但弱勢者也會相信。如此一來，上位者的權力便能自行強化，自我更加膨脹，弱勢者的權力被削弱，更加自卑。主流敘事強化權力不均的狀態，讓上位者的控制力更強、虐待行為更多。

在社會中也一樣，不論是優勢或弱勢群體，都在成長過程中學習並相信主流敘事。前面提到，在過去的主流社會敘事下，異性戀和非異性戀者都相信異性戀是正常且自然的，而其他性傾向都有問題，所以多元性別族群的青少年自殺率才居高不下。上位者把自創的故事強加在他人身上，就是在扭曲事實，支配他人的生活。社會主流敘事便是發揮這樣的作用。

每個人學到一堆社會主流敘事，我們的家庭與個人關係因此大受影響，導致關係陷入僵局。這種苦戰不是個人特質造成的，主要是受廣大社會系統所影響。

一味相信對方的說法，就是貶低自己的需求

包括個性、個人經歷等因素都會影響到人際關係，主流敘事更扮演重要的角

色。在權力統治的社會中，有更多權力或特權的那一方，會把自己的需求看得很重要，但弱勢族群卻低估了自己的需求。

把自己的需求看得太重要，就是認為自己的身分比較重要，有權利這麼做。這當然是雙重標準，期待他人遵守規則，自己卻逍遙法外，還把對方的需求當成無理取鬧。有的人總是期待朋友聽他說話，如果對朋友不滿，還會逼對方要給個交代。但朋友反過來也這麼做，他就會心懷不滿，覺得被當成樹洞利用，沒有得到應有的對待。

一直低估自己的需求，就會越來越不了解自己，越來越難滿足。有的人認為，即使自己很需要安全感和被尊重，但伴侶的「自由」更重要，所以當伴侶和其他人打情罵俏時，他總是自我安慰，說自己反應過度。即使你能確定自己的需求，也說不出口，你害怕伴侶會生氣，認為自己在無理取鬧。就算你說得出口，也會覺得愧疚、有罪惡感。你只相信對方所描述的故事，才會不斷懷疑自己。當然你也會忿忿不平，你心知肚明，兩人的權力不對等，自己才飽受委屈。

外向者的霸權

在社會權力統治下，各種錯誤的觀念和教條會影響人際關係。還有一種權力統治害人不滅，我們稱之為「外向霸權」。[8] 大部分人都沒有發現，在社會風氣影響下，外向特質比較吃香。

丹妮和比爾結婚多年，丹妮個性外向、喜歡交朋友，任何話題她都能聊上兩句。比爾比較喜歡安靜在家看書，喜歡一對一的互動，深入討論特定議題。丹妮和比爾並沒有意識到他們的角色，只以為自己跟人的互動方式不同。

事實上，丹妮和比爾對於內向與外向有自己的一套看法，影響了他們的自我認同感跟關係。丹妮重視外向特質，認為比爾害羞、無趣又討厭社交，個性需要改一下。所以兩人有衝突時，她會很生氣，她相信自己的需求比較重要。她想要邀朋友來家裡聚會，但比爾不想；她覺得這不公平，為何自己得配合對方的個性。丹妮覺得自己的社交生活很重要，比爾為何不能試著多交朋友呢？她心想：「這個人有社交障礙，憑什麼要我妥協、犧牲我的生活？」

其實比爾對人的看法跟丹妮一樣。他認為外向的人比較吃香、比較好，所以他覺得丹妮有魅力、社交能力很強。每次比爾不想參加聚會時，就會覺得內疚，因為他認為丹妮的需求很合理、也很重要。即使不喜歡參加社交活動，但他相信多交朋友對他有好處，因此盡力配合。有時比爾真的不想再出門了，會明確拒絕丹妮的提議。這時丹妮反而會指責他脾氣不好、意見很多，讓自己的個人問題影響婚姻生活。比爾無故被冤枉，當然很生氣，但每次都會冷靜下來告訴自己，丹妮說得沒錯，自己不該那麼愛抱怨，個性要改一改。

兩人都誤解了控制的含意。比爾比較難配合，各方面都有需求，這一點彼此都明白。但兩人都沒發現，他們大部分生活都在丹妮的掌控中。丹妮想要晚上多點聚會，比爾會覺得這是合理的要求。但比爾不想出門，想安安靜靜地看書，丹妮反而會覺得這是過分的要求。

兩人也不知道誰有理由發脾氣。丹妮常常生氣，責備比爾不愛交朋友。比爾當然不喜歡被吼，但心裡也認為，自己這麼孤僻，所以對方才那麼生氣。比爾有時會承認，自己實在不想去參加某些社交活動，所以心情很糟，但丹妮卻認為這是在責怪她。他們都認為，丹妮生氣很合理，有她實際上的考量，但比爾就只會無理取鬧。

丹妮和比爾對於外向和內向的看法，來自於他們成長過程。他們都相信「外向比內向好」，所以外向者的需求、觀點和感覺比較重要。兩人都比較相信丹妮所描述的現實情況。他們都沒想到，這些觀點、感受和相處模式的影響之大，已經把家裡變成小型的權力統治王國。

兩人如果了解到，他們的互動方式都是受到社會權力所影響，也就是被「外向霸權」入侵，那兩人相處起來就不會那麼痛苦。了解權力統治的運作方式，不論是社會層面或心理層面，才能開始擺脫權力統治，讓自己生命和人際關係更自由、平等。

內部系統——療癒你的內在小孩

我們的言行都受到龐大系統所影響，此外，我們的「內部系統」也非常複雜，當中包含各種次人格，它們加總起來形成我們的人格。我們在工作時會展現成熟、專業的一面，跟伴侶在一起時會裝可愛、也比較敏感，這些次人格都是整體人格的一部分。近代的心理學家提出了「內部家庭系統」(internal family system)[9]治療法，去分析人格的組成元素與互動關係。對於難解的心理與關係議題，它有很成功的治療效果。[10]

脆弱人格

兒時的痛苦經驗構成我們人格中脆弱的一面。當時我們還小，無法理解或處理自己的情緒，就會把這些經驗藏在內心深處，以免影響到其他人格。這是一種應對機制，可以保護我們不被痛苦和困惑壓垮，就像在受傷的手臂上綁止血帶，以免病菌擴散到身體其他部位。但不同的是，被埋藏的部分不會原封不動，它會繼續存活，變成某個人格，它有自己的信念、故事和行為傾向。脆弱人格的生命力很強大，影響我們生活各個層面，包括人際關係，也在我們做出重大抉擇時扮演重要的角色。

莎莉的爸爸在她年幼時不告而別，媽媽也沒有跟她多說什麼。莎莉感覺被遺棄了，內心始終懷著困惑和傷痛。她不明白為什麼父親要不告而別，這麼多年來她一直責怪自己，是不是自己不夠可愛、不值得被愛，才會有這種後果。

在莎莉被遺棄後，內心充滿創傷，她對於自己和他人的看法也因此成形，這些經驗構成一個情緒很強烈的人格，它始終不了解自己的處境，對自己的認識也很矛盾。這個內在人格相信，身邊的人一理解它、就會拋棄它，所以自己不值得被愛。接著痛苦排山倒海而來，它就會被壓垮。

脆弱人格隨時處於警戒狀態，不斷在提防任何潛在的危險，留意將被遺棄的徵兆。只要有人出現要離開的蛛絲馬跡，它的反應就會非常激烈。它總是選擇性地挑選事實，以確認自己的世界觀沒錯，也因此會誤以為看見許多細微徵兆。莎莉一輩子都害怕被遺棄，無論到哪裡，內心深處始終有這敏感的脆弱人格。

防禦人格

童年創傷會留下脆弱人格，為了保護受傷的自己、回應它的需求，另一種人格會隨之誕生。這就是防禦人格，可想而知，只要脆弱人格感覺受威脅時，它就會挺身而出。在爭吵中，脆弱人格一害怕被遺棄，防禦人格就會出現。有時防禦人格好幾年都不退場，當事人就會變成防衛心很強的人。脆弱人格無法照顧自己，防禦人格就像衛兵一樣，不是攻擊就是撤退。所以，防禦人格讓人變得脾氣暴躁，愛挑毛病又愛挑釁，或讓人變得對所有事都無動於衷。

再回到莎莉身上。伴侶沒空理她，或相處時心不在焉、沒有聽她說話，莎莉就會覺得自己不重要，所以對方才不想理她，於是猜想伴侶想離開她。當然每個人都不喜歡另一半敷衍了事，但莎莉的脆弱人格特別明顯，所以反應會更極端。她馬上召喚防禦人格出場，猛烈批評對方粗魯又無禮，還會故意破壞伴侶的安全感，讓他好好體會被遺棄的感覺。所以莎莉會已讀不回對方的訊息，和別的男人打情罵俏。

在不同情況下，防禦人格有好幾種防衛策略，最終目的都是為了停止對方繼續傷害脆弱人格。理想的話，當然她會希望重修舊好。但是，因為防禦人格的攻擊性太強，結果常常背道而馳。不過，如果當事人深陷虐待關係，防禦人格就得隨時在場。

每個次人格都有作用

找出你有哪些次人格，對生活會非常有益。有的人格擅長處理親密關係，有的人格看重承諾。每個人格在不同的人生大事上扮演關鍵的角色，從選擇伴侶或工作，到與人相處及處理衝突等。能否與人和睦相處，也都取決於次人格的表現。

比方說，你正在考慮要不要離婚，內在的各個次人格就會出場競爭：脆弱人格害怕以後沒人愛，所以緊緊抓著對方；但防禦人格要你勇於斷捨離，不需留戀不健康的關係。不了解自己次人格，你就很容易猶豫與困惑。有的次人格會壞了好事，或與其他人格競爭，所以當事人無法在意識清楚的情況下，做出明確的選擇。找出自己和對方的次人格，我們才更容易察覺對方的脆弱之處，進而創造更多安全感和連結感。

完整自我

專精內部家庭系統的心理學家認為，在所有次人格後面，有一個完整的我。他在內心深處，可稱為「自我」（Self），是生命的中心。每個人都有機會去認識這個健康而完整的自我。雖然內心有許多恐懼和防禦人格，但我們還是有機會找到「自我」，雖然他不一定能永遠待在現實生活中。但只要我們努力成長、治癒內心的傷痛，防禦人格就會慢慢退場，最後內心達到平衡狀態，「自我」便成為主角。

「自我」有同情心，好奇心，隨時保持冷靜，又與世界有連結。在這種狀態下，我們能保有理智和同情心，以開放的心胸和態度處理問題，不僅和他人有連結感，也很了解自己。整體生活過得踏實、平衡，內心完整又有安全感。

照顧我們的內在小孩

每個次人格都有正面的意圖，不會心懷不軌，只是會用錯方法。次人格的出現和存在是為了保護我們的安全。問題在於，有的次人格很年輕，容易受傷且反應比較極端，所以會造成反效果。次人格像是寂寞的孩子，為了吸引大人的注意而大聲尖叫，因為造成騷亂，最後大人就叫它閉嘴、還把它關到房間裡。次人格想獲得連結感，但是方法不成熟，使得自己更加孤立。

和次人格共處的方法，就是先了解它們、知道它們的目的，以及為何會採取某些行事風格。

有的防禦人格一出場，就會不斷強調伴侶的缺點；若你能試著了解此人格的目的，就會發現，它不斷跟伴侶比較，就是害怕自己感覺不夠好，被對方比下去。同樣地，你可以把次人格想像成嚇壞的小孩，它大哭大鬧，就是要防止自己受傷。如果放著不管，它們就會叫得更大聲，用更極端的方法獲取你的注意。一旦你批評它們，告訴它們「自己想辦法」，它們就會更加恐懼，一直擔心問題沒解決，進而不信任你能保護它們。

就像處理人際關係一樣，我們也要跟次人格建立安全感、連結感。帶著好奇心和同情心認識它，用坦然的心面對它。不要批評它們的想法、感覺和行動，不要認為它們做錯了或太瘋狂，而是以好奇心去理解。同情它們所受的苦，試著讓它們有安全感。若能帶著「自我」，以憐憫的心去探訪自己的次人格，內在就能得到真正的療癒。

嚇壞的孩子需要安慰，次人格也需要不斷被安撫。了解它的恐懼，才能確認問題所在。耐心傾聽，並在深思熟慮後做出回應，便能更深入地了解自己、減少焦慮。這麼一來，不安人格和懷疑人格才會信任你，確定你會保護它們的安全，把它們的福祉納入考量。接著療癒過程開始，那些傷痕累累的次人格，過去始終覺得自己不被愛，害怕受到更多傷害，但現在知道自己的想法和感覺有人重視，也會有人愛它們、照顧它們。

療癒內在系統的關鍵在於，不要試著趕走某些次人格，它們都是自己的一部分，只是反應失常，幫助它們恢復健康就好。有的人格害怕被遺棄，但它有天真可愛的一面，感性又熱情；保有這些特質，我們才能貼近自己，培養自我價值感和獨特性。這個人格不再被當成「病態」，因為在修復後，它就會展現自己健康的那一面。

成年後在不同關係中能獲得療癒

次人格療癒的場域，大多就在人際關係中。畢竟，次人格之所以會出現，就是在關係中受傷。也就是說，在目前的關係裡尋求方法，以修復之前造成的情緒傷口。有的人在成長過程中，沒有獲得適當的照顧和肯定，這些缺乏變成他脆弱的一面，所以情緒上特別敏感。每當他完成某些事情，就很需要有人對他說出感謝、鼓勵的話，自尊心也比較強。如果伴侶或朋友了解他的脆弱，就會特別關注他的需求，給予額外的肯定和照顧，進而療癒他的傷痛。

獲得療癒後，日子一樣過，但我們的行事風格卻會轉變。在成長過程中，有的父母只在意自己的生活，所以兒女表達自己的需求時，就會被父母羞辱一番。兒女因此對各種需求就特別敏感。他們長大後，就會把注意力放在他人身上，一直想要當個「給予者」，而無法單純當個「接受者」。他們絕不容許有人說自己「自私」或是「愛討拍」。這時，若有好友能以同情心回應他們的內心需求，就能療癒他們的內心。好友不會像父母那樣嚴厲拒絕，而他們就能坦然地對朋友說出自己的需求，內心的傷痛也能慢慢癒合。

長痛不如短痛，離開對彼此都好

我們所擁有的權力受到各個系統所影響，想讓生活更平衡、過得更坦率並創造有韌性的人際關係，應該怎麼做呢？心理學家勒納（Harriet Lerner）認為，既然每個人都是系統的一分子，所以大家必須循著同樣的舞步與舞曲跳同一支舞，就看當時是跳探戈舞曲、還是街頭流行舞蹈。[11]舞步就是我們在系統裡的角色設定和規則。

勒納說，如果你不喜歡正在跳的舞，那就必須改變自己的舞步，換句話說，你必須改變扮演的角色和遵循的規則。有次朋友聚會，你不斷勸告好友喝太多不好，但對方卻是酒一瓶一瓶開。如果你繼續和對方爭論下去，等等一定會不歡而散。下次聚餐前，你可以跟朋友約法三章，有喝酒就不參加。你這麼表明底線，也許好友會不諒解，兩人因而慢慢疏遠，但至少你將來不用再參加這種討厭的場合。這位好友不尊重你的需求，就不用勉強維繫感情。

你改變舞步時，對方會面臨三種選擇：跟著你改變舞步，把你拉回原來的舞步，或是不跟你一起跳舞，也就是離開這段關係。在開放系統中，有時對方一開始會害怕改變，事實上，每個人都不想打破現有的相處模式。我們需要時間消化，才能轉變方向，才願意相信這麼做是對自己和彼此才有好處。在封閉系統中，對方反而會嚴加抗拒，想要回到原來的舞步，或乾脆離開關係。

改變系統會有什麼後果，取決於系統的規模以及彼此有多少權力。在兩個人的系統裡，所有的事情分兩半，彼此都有一半的機會影響關係。如果是社會系統，每個人只佔小小的百分比，影響力小很多，無法造成巨大的改變。不過，如果這個系統有問題，我們就應該拒絕接受既定的角色，挑戰原有的規則，就算反抗的力量不大，但至少不會助紂為虐。一般來說，只要許多人一同改變舞步，就有機會推翻權力統治。

每個人健康地長大後，就有能力改變系統，或是發現自己不再適合某些系統，選擇離開。很多人只想改善系統，但其實離開也不是壞事。家庭系統專家拉森（Earnie Larsen）認為，在功能失調的系統中成長，身心就像一只被大卡車壓過的手錶[12]，內部零件都扭曲變形，但整體還能運轉報時。如果有零件拿出來修好，就無法裝進那個扭曲變形的手錶。同樣的道理，當你不再適合某些系統，不一定代表你做錯了，也許你是唯一的清流。

第6章

調和差異，成為彼此的神隊友

人際關係遇到困難時，我們常常判定，就是因為彼此差異太大，很難形成共識，所以無法產生安全感和連結感。當然，差異一定會造成相處上的問題，但關係也可能因此更加融洽。

每個人都是獨特的，想法、作法一定有所不同，也會把各自的需求帶入關係裡。有些想法表面上看起來相近，其實天差地遠。你以為自己很愛乾淨，每天都有掃地，但室友每天可是要用清潔劑擦地板，相比之下你邋遢許多。有一對夫妻兩人都是基督徒，但先生是天主教徒，妻子是新教徒。

有差異並非壞事，還有助於自我成長。你本來不懂如何照顧自己的身體，但認識養生團體的朋友後，才發現到規律運動和健康飲食的好處。看到伴侶大而化之、有話直說的個性，你才發現自己是情緒敏感的人。由此可見，差異能夠彌補自己各方面的不足，豐富我們的人生，加強人際關係。

許多人會害怕跟朋友或伴侶有太多差異，主要是出於一個不切實際的迷思，也就是以為差異一定會把彼此的距離拉遠。因此在戀愛初期，人們通常會刻意強調並誇大兩人的共同點。從小到大，我們總是過度看重相似處，刻意忽略差異處，擔心它們會造成衝突，讓彼此漸行漸遠。

有些差異之處確實難以調和，再怎麼努力都不能達成共識，而有些差異卻可以促進關係。確定哪些差異是正向的，該如何透過它們讓關係更緊密，就要先了解差異從何而來，以及關係的影響力。我們需要發展各種技巧，以有效調和人與人的不同之處。

差異從何而來？

差異包括個性、信念和喜好，這些面向構成每個人的身分與認同。因此，我們也要特別留意彼此的差異處。我們以同心圓來列舉不同程度的差異，如圖6.1所示。在圓中心周圍，就是人的核心成分，包含天生個性和根深蒂固的社會觀念，兩者形

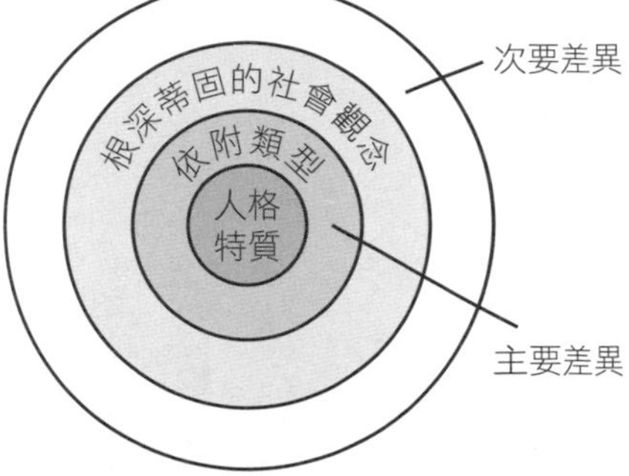

圖 6.1. 差異的同心圓

塑了我們的人格。此外，有些人需要高度的親密感和連結感，有些人則需要保持距離和自主性。最外圈是次要差異以及表面上的偏好，比如喜歡住在哪裡以及生活作息等。

一般而言，次要差異最有機會調和、也最容易處理。多數人都能稍微調整作息、偏好，但如何改變核心成分，就會有反抗情緒。而我所提出的處理原則適用於各種類型的差異，不過，關係會出問題多半是核心成分發生衝突，所以我們就只聚焦在同心圓的中心。

人格特質

人與人的主要差異處都是與生俱來的，包含我們的人格特徵、天生個性。依附類型也有影響，也就是我們對最親密的人的依附方式。最近有研究指出，過去我們以為像樂觀、悲觀、內向、外向等性格都是心理特徵，但事實上是有生物基礎。[1]

基因到底在形塑人格上扮演多重要的角色，目前還沒有共識，但至少可以肯定，大部分的個性都是天生的。當然每個人都會長大、變成熟，但研究人員指出，核心的人格特質的確很難改變。有些常見的人格特質也許包含生物因素，有的人理性、井然有序、喜歡實務思考，但有的人感性、隨性、偏好哲學沉思。

想要更了解彼此，學習人格類型會特別有幫助。人格類型有各種系統與流派，最實用的有兩種：邁爾斯—布里格斯人格分類法（Myers-Briggs Type Indicator，簡稱ＭＢＴＩ）和九型人格分類法（Enneagram）。許多實證研究都支持ＭＢＴＩ的可信度，在各地廣泛獲得採用。[2]許多深具影響力的機構、心理學家和組織顧問都採用這套系統。九型人格分類法近幾年才成為科學研究的主題，它本身也有實用的價值，許多知名的心理治療師和教練都使用這套系統。ＭＢＴＩ和九型人格分類法可以互補參照，它們描述了人格的不同面向，還能指出關係中出現差異和衝突的主要部分。據此我們才了解，表面上的意見衝突，底下是有其他更深層的原因。[3]還有一套系統不是專門用來探討人格類型，但有助於我們了解某些關係差異，可參考巧門（Gary Chapman）牧師的暢銷著作《愛之語：兩性溝通的雙贏策略》。[4]

許多人都不知道，有些人格特質有生物基礎，還以為這些特質可以改變。然而，改變人格特質像改變膚色一樣，幾乎是不可能，即使改變成功，這個人就會沒有自己的完整性，好像一棵樹的樹枝都被砍光。不斷否認或壓抑重要的人格特質，不只令人精疲力竭，心情也會非常沮喪。畢竟花力氣對抗天性，自我感覺會很不真實。你不用改變個人特質，只需改變相關的行為模式，但也不需要太過極端，讓自己無法承受。對於天生樂觀的人來說，可以試著容忍一點負面經驗和情緒。當然，你還是會傾向看待事情的光明面，但調整自己過度的正向態度，才可以和他人有多一點真實、獨特的互動。

了解對方的依附類型，才能掌握彼此的相處模式

我們有個核心面向叫做「依附類型」，也就是和親密關係的對象如何相處。研究指出，儘管依附類型可能受到生物因素所影響，但主要還是取決於童年和照顧者的相處經驗。[5]童年時，我們的大腦仍在發展中，而依附經驗會影響大腦神經連結的方式，最終形成獨特的相處模式。由此看來，依附類型有大部分都難以改變。

在眾多因素中，依附類型決定了我們的親密關係與互動方式，不只是對於伴侶，也會影響其他人際關係。依附類型會形塑我們看待關係的方式，有的人喜歡依

賴的感覺，有的人卻害怕與人親近。此外，我們在親密關係中會特別注意一些面向，對它們有特殊的想法與感覺，對一般人際關係卻不是那麼在意。簡言之，我們對另一半的看法、想法和感覺，以及相處模式，幾乎都取決於依附關係。

依附類型有三種基本型態，它主要出現在伴侶關係中。是否能與另一半和睦相處、妥善處理歧見，就看彼此屬於哪種型態，再加上其他作用因素。一般而言，彼此的依附類型若正好能互補，就能克服許多差異之處，如果類型強碰，即使是小小的差異，也會變成天大的挑戰。不過，依附類型不搭，不代表關係沒有前景。只要彼此願意努力，就能調整依附方式，進而創造更和睦、更有安全感的關係。

在三種基本依附類型中，有兩種歸類在「不安全依附」，而第三種稱為「安全依附」。有些人從童年經驗中學到，依靠他人是很危險的，他人不一定會滿足自己的情緒需求，那這些人就會發展成不安全的依附類型。他們有些人從小就沒有依附對象或照顧者，就算有照顧者，也無法滿足他們的基本需求，包括有人關愛、安慰和同理。這些人無法在關係中找到安全感，無法信任他人，也不允許自己依賴對方。

相對地，有些人童年經驗比較美好，能夠完全信任他人，就能發展出安全的依附類型。他們可以信賴所愛的人，也能信賴自己。這三種基本依附類型可在光譜上排列出不同程度，每個人都可以找到自己接近的類型。

不安全依附分別為「迴避依附」和「焦慮依附」。迴避依附型的人，不太能適應親密關係中所需要的密切連結，還會高度保護自己的私密空間。就算他勉強自己，去滿足伴侶的情緒需求，他還是會設下自我保護的界限。他們不大能察覺對方的感受，也不會解讀社交線索，不懂察言觀色。他們無法發現伴侶的痛苦，還會厭惡伴侶的基本需求，覺得負擔很重。這些人內心深處都相信，人應該照顧自己，依賴他人不僅危險而且是軟弱的徵兆。

焦慮依附型的人在某些方面跟迴避型相反。他們喜歡黏踢踢，也特別容易辨別伴侶的心情和需求。他們想要讓對方開心，也很樂意找到方法。然而，焦慮型的人很容易不安，童年依附經驗告訴他們，自己不值得被愛，所以非常害怕被拒絕和遺棄。他們喜歡「討拍」、「求愛」，以獲得伴侶的安撫，才能減少焦慮。只要出現關係疏離的跡象，他們的警報器就會響起，判定這段關係即將走到盡頭。焦慮型的人情緒上很敏感，但伴侶只要付出一點點心意，他們就能得到安慰。只要伴侶有同理心、同情心又可靠，願意花時間建立信任感，他們的焦慮就會大幅減低。

安全依附類型的人比較平衡，既不迴避親密，也不需要額外的保證才會安心。

他們信任自己，對關係有安全感，不會杞人憂天，不像迴避依附者那樣害怕親密，也不像焦慮依附者那樣害怕被遺棄。安全依附型的人樂觀又踏實，相信任何問題都能迎刃而解。他們可以覺察到伴侶的情緒，傾聽對方的心聲，給予關懷與回饋。他們像是大海裡的岩石，在波濤洶湧中給不安依附者有所依靠。

那麼，如何面對不同類型的依附者呢？第一步就是了解對方。[6]再者，在一段時間的學習後，依附類型可以改變。在長久安穩的關係中，焦慮或迴避依附型的人可試著培養安全感。不過，在不安的關係裡，安全依附型的人就很容易受傷。有些類型的人天生就比較「合拍」。安全型的人是最理想的組合，而焦慮型和安全型也可以互補。所有的組合都能成立，關係要穩定，伴侶需要了解彼此的依附類型，並且願意傾聽彼此的需求。

個性也會受到家庭、社會文化所影響

有一些人格面向不是那麼鮮明，而是後天受到外在的影響所形塑，包括社會、文化和家庭觀念等。這些面向包括性傾向、宗教和情緒敏感度。例如，很多人都會以年齡、美貌評斷女性的價值，而以權力與身分去評價男性。改變這些社會觀感與評價非常困難。有人可以在人生中改變宗教信仰，有的人就覺得這不可能發生在自己身上。原生家庭的影響也很大，我們不自主地就會對某些情緒或情境非常敏感。有些父親個性很猛烈，常常辱罵孩子，所以孩子長大之後就會對難聽的話很敏感，如果伴侶或好友一強烈表達情緒，他就會沒有安全感。

相處的三大迷思

在傳統迷思的限制下，我們嚴重誤解了差異的特性。許多人都認為，彼此有差別就是不好，相處上出了問題，都是兩人的差異處造成的。因此，總認為相似處多感情就會好。

的確，有些差異無法調和，也會造成衝突，最後導致感情出問題。不過，大部分的關係問題不是由差異造成的，而是處理的方式不好，無法增加安全感和連結感。

迷思一：差異代表不夠麻吉

很多人把彼此的差異當作要改善的問題，認為對方在某方面不足，而自己是那方面的專家。有些人喜歡戶外活動，會覺得另一半太宅、只喜歡窩在家裡；相對地，喜歡家居生活的人，會認為對方只愛趴趴走，不愛做家事。這些評論很常見，我們時常都會指責對方「太無趣」、「太愛玩」等，把彼此的差異當作問題。有時候我們也會以為缺點在自己身上，認為自己不夠聰明；這同樣都是把差異當作問題，不是接納彼此。

迷思二：相處有問題都是差異造成的

解決衝突的辦法取決於如何看待問題。找錯了方向，不但無法解決問題，還會讓情況更嚴重。許多人認為，相處不融洽就是彼此差異太多，只要消除鴻溝就能改變；但他們只想改變對方，自己卻不願意讓步。喜歡戶外運動的人希望伴侶可以多做些活動，但是伴侶覺得自己被指指點點，強迫要改變成對方喜歡的樣貌，反而會忿忿不平，更抗拒改變。

當然，有些時候應該要求對方改變，例如他的行為總是有失尊重。不過，要判定哪些改變是合理的，就必須先了解差異的本質以及處理的方法。但不論要怎麼面對，一定得增加彼此的信任和安全感。

迷思三：共同點越多越合得來

彼此合得來，就能和諧相處，兩人的需求比較不會發生衝突，不會隨著時間而累積不滿，也因此更有連結感。但合得來到底是什麼意思？

許多人認為，合得來就是共同點多，包括興趣和個性。一般而言，共同點越多，有一樣的行事風格與喜好，距離就更容易拉近，就更有連結感，也會有類似的需求和渴望，彼此就能了解對方。外向活潑的伴侶可以一起參加社團活動，滿足彼此的社交需求；喜歡登山健行的好友不用擔心犧牲彼此的休閒和生活方式。

然而，共同點不一定代表合得來，有時候反而成為相處上的阻礙。太相似的人的需求也很接近，反而常常容易起衝突。意見多的伴侶，無法好好傾聽對方，卻都希望對方焦點在自己身上。個性太接近也會限制彼此成長的機會，生活停滯不前、找不到平衡點。伴侶兩人都是工作狂的話，就會疏於經營家庭生活，變得越來越不健康，心神耗弱。

人與人合得來，意味著彼此都能滿足對方的需求，能感生連結感，能夠和諧、快樂地相處。

拓展彼此的舒適圈，關係才能更長久

要克服關係中的差異處，就要先了解，每個人都有自己的「舒適圈」，在界限內可以過得自在，在外就得面對差異、不得不妥協。[7]當彼此都願意跨出舒適圈，關係就有機會成長。

有的人無法忍受家裡沒有整理、亂七八糟，但有的人卻很害怕家中太整齊、一塵不染。這兩人都需要擴大一下舒適圈，彼此各退一步，相處起來才比較輕鬆。過些時日，彼此就習慣這樣的改變，可以和平相處，不再覺得無法忍受現況。舒適圈拓展後，兩人相處上就有更多空間，更能容納差異。

在拓展舒適圈時，要有明顯的作為，兩人關係才會更緊密、身心都愉快。讓步程度有限，甚至不願意改變，彼此就會為了差異點僵持不下。不斷讓步、犧牲自己的權益與需求，並非長久之計，關係中每個人都要得到適度的滿足，才能過得長長久久。如果只有單方面在妥協、學習改變，日子久了，難免會覺得忿忿不平，感情就會漸漸疏離。因此，解決差異、拓展舒適圈最好的方法，就是在改善過程中，經常自我評估，彼此的安全感與連結感是否消退。

天下無不散的宴席

不同類型的的關係所需的連結感不一樣。每個人都有各式各樣的關係，跟不同對象的連結程度有高有低。熟人、同事、家人、密友和伴侶，這些不同的關係可以按同心圓由內到外排列，越外圈所需要的連結感越低，就更能容許差異。

有些人會誤以為，就算跟不太親近的人，也需要合得來、有戀人般的連結感。他們總是以親密關係的連結感當作標準，藉以衡量其他關係的密切程度。有的人會跟自己的手足分享一些核心價值，坦率談論自己的想法和感覺，認為兄弟姊妹就應該心手相連。有的人會強迫手足跟自己站在同一陣線，如果不從就斷絕關係。事實上，每個人相處的磁場不太一樣，所以人際關係才有親疏遠近之分。

而且，人與人相處模式時時在改變，隨著時空環境不同，個人也會不斷成長。人們會走上不同的人生方向，關係會改變、也會結束。

有些人在關係疏遠時會批評、責怪對方，以致他們無法判斷，關係發展到什麼程度對自己以及彼此最好，最後執著在已不復存在的關係中。

不論是伴侶或朋友，人與人在親密感消退時，自然都會有這種負面情緒以及抗拒態度。無論是要改變或結束伴侶關係，過程都很複雜，兩人都會變得很脆弱，對細節都很敏感，畢竟兩人長久以來投注這麼多感情，也產生某些依賴。因此，伴侶關係要經營得久又順暢，雙方要有共識，一起努力讓彼此合得來。不論做什麼決定，都要以和睦相處為前提，而且不需犧牲個人的核心需求，也不能限制個人發展，彼此都能坦承以對，這樣的妥協才是有益的。

有時，我們難免會跟好友感情變淡、甚至鮮少聯繫。不過，我們常常以為是這段關係有問題，或是對方變心了。你有個超級好朋友，但現在不常見面。你不能接受感情變淡，還懷抱著罪惡感，覺得是自己沒有努力經營才會如此。然而，你之前不那麼常聯繫對方，就是因為內心也沒有想要維持關係。你違背自己的心意，強迫自己跟對方維繫感情、拉近距離，只是因為你不能接受關係逐漸疏遠，或是深怕朋友會受傷。

感情變淡、失去一段關係，每個人都會難過。但傷心之餘我們也要了解，天下無不散的宴席，朋友間感情變淡不見得是壞事。除非有一方不願意，或是溝通過程一直沒有達成共識，就不適合貿然改變關係。此外，衝突一直沒有化解，或是有一方沒注意到連結感在消失，都會導致感情莫名其妙變淡。

透過對方的眼睛，看見不同的世界

我們總是以為，共同點越多，就越合得來，連結感越多；相異處越多，兩人就越難相處、感情越疏離。不過，我們是受到社會觀念所影響，才會以為感情疏離是差異造成的。尤其在伴侶關係中，我們深信彼此的差異會嚴重影響感情，不除去的話一定會造成威脅。為了維持關係，我們有時否認差異存在或當作小事，卻不知道相處到底哪裡出了問題。舉例來說，你跟伴侶在反核遊行上認識，但你只是對那個議題感興趣，但對其他政治議題沒興趣；但你不想跟伴侶說實話，因為你自己也不願意承認，彼此的政治觀念確實有差距。

差異有時會造成感情疏離，畢竟我們很難理解想法不同的人，也不容易發揮同理心，但這兩種態度對於產生連結感卻很重要。你跟志同道合的朋友有時會意見不合，但你們互相理解，往後還是會討論和分享，繼續維持友情。不過，有些人在討論問題之前需要做好準備，得好好整理一下思緒，如果你沒有發揮同理心，嘗試理解他的作法，就會趕鴨子上架逼他開會，他的需求沒有被滿足，自然就想遠離你。

實際上，差異會導致疏離，正是因為，既然興趣和喜好不同，一起活動的經驗也會減少，連結感自然減低。你喜愛登山健行，但伴侶不愛；伴侶喜歡參加文學朗讀會，但你喜歡參加財經講座。你們在某些領域不會有強烈的連結，除非有一方退讓配合，才會有共同經驗。

人與人相處，本來就會有差異之處，我們要常常練習接納它們，關係才會走得長久。當然，如果伴侶的舉止無理又粗暴，令人難以忍受，我們當然不會選擇繼續下去。除此之外，接納伴侶原來的樣子是最關鍵的第一步驟，不要批評對方跟你的差異之處，這樣彼此才能產生連結感和安全感。事實上，有些難以協調的差異處，只要能懂得欣賞和接納，就會變成優點。你比較時髦有創意，伴侶則是低調傳統，但與其批評她古板又守舊，換個角度去欣賞，就會發現她是實際又可靠的人；那些你以前不在乎的特質，現在則充滿了吸引力。

接受差異最好的方法是了解它，憑著好奇心和同情心，就能真正認識對方，透過他的眼睛看到不同的世界。

根據知識、找出事實，找到雙方意見的分歧點

差異有時會造成相處上的阻礙，只是彼此所接收的觀念與認知不同。既然我們

有各自認定的事實，就很難達成共識、進而有效化解歧見。有的人不幸罹患憂鬱症，但父母卻不諒解，也沒有提供情感上的支持，因為父母不知道憂鬱症是生理疾病，還以為是兒女的內心不夠堅強。在這種情況下，憂鬱症患者與父母就難以達成共識。

信念或觀點上有歧見，我們就要先找出事實，再以它發展出解決方法。你認為考汽車駕照的年齡應該提高，但朋友認為應該降低，為了進行有意義的討論，彼此都應該熟讀相關資料：駕駛人的年齡是否會影響行車安全？青少年不能開車上路的話，是否會轉投入其他有危險的行為，如濫用藥物或網路成癮？當然，專家或學者所呈現的事實不一定百分之百準確，但我們還是應該懷著實事求是的精神，才能有效化解歧見。

在同一個議題上理解的深度不同，所感知到的事實就不同。唯有識字、理解文句及文法，才能透過語言得到知識，就像透過書本學習到心理學的知識與科學事實，以及那些事實的意義。換句話說，知識會成為個人的世界觀，影響我們的理性與感性面。所以當我們得知憂鬱症的知識與科學事實後，就能理解患者所承受的痛苦。

不過，如果我們無法區分觀點和事實，就無法形成可靠的知識。尤其在權力統治下，社會只有一種聲音，只強調上位者的觀點。但是從定義上來說，觀點人人不同，可以進行辯論；但事實是客觀的，非黑即白。舉例來說，你認為汽車內有小孩時，駕駛人與乘客就不得抽菸，因為統計顯示，二手菸會嚴重傷害孩童的健康。但你父親堅持，二手菸沒有那麼危險，即使他沒有提出任何反駁證據。你熟讀相關資訊、提出事實，但父親卻認為你只是發表已見，他自己的觀點才是事實。

當然，不需要精通某個議題才能進行討論，但至少準備充足的相關知識，才有共同對話的基礎。雙方討論前願意做好功課，才有助於建立長久而穩定的關係。每當觀點不同、僵持不下時，無需煩惱，只要確認彼此對這個議題了解有多少深，就能找出歧異點在何處。

價值觀不同，是需要磨合，還是根本不適合？

毫無疑問，擁有共同的價值，關係才能長長久久。不過，價值觀很難完全符合，每個人重視的項目都不同。當然大部分的人都重視守時、有信用，但有些人會比較隨性一點。就像有時你跟伴侶計畫好週末要返鄉探親，但突然有人送你演唱會門票，這時兩人就得好好討論該如何選擇。

每個人都有不同的價值觀

每個人都有自己的價值觀，好與壞有自己的看法，也會有各自喜歡或討厭的事物。我們的態度、行為和選擇反映了自己的價值觀。價值觀也包含了道德觀，所以我們會認為有些事情比較高尚、有些舉止比較受人尊敬。

根據道德心理學的研究，有些價值在各地都被認可，我們稱為普世價值，在各種文化中都存在這五項價值觀：關懷與同情心、公平與正義、忠誠、尊重權威、以及高尚與純潔。這些價值也會影響我們的政治傾向。大部分的人都相信這些道德價值。自由派人士比較強調前兩項，保守主義者則五項都重視。[8]有些價值觀強調個人特質，也廣受大眾接受：樂觀、率直、熱情、喜歡發問、敏銳、有創造力、守時和獨特性。

不管是道德或個人價值，皆由人格和生活經驗塑造。人格則由天生特質、社會條件和教養所組成。有的父母鼓勵孩子理性思考，所以孩子長大後比較擅於分析，把知識當成重要價值。他們必須有憑有據才會做決定，對主觀意見或道聽塗說的訊息保持懷疑態度。

尊重對方的價值觀，才能維持連結感

對某人無法產生尊重的感覺，就會很難對他產生安全感和連結感。價值觀、道德觀不同，也很難產生尊重的感覺。唯有實踐我們認同的核心價值，才會尊重對方。有的人重視誠實，所以就很難尊重老是說謊的同事。

前面提到，有差異時，許多人會認為對方需要改進；同樣地，價值觀不同時，也有人會認為對方不如自己而加以批評。價值觀又包含道德觀，所以我們認為對方價值觀低下時，就會更加強調彼此的差異，兩人的連結感就會更少。既然我們覺得對方道德上不如自己，就更難產生尊重的態度。

令人擔憂的是，我們那麼重視價值觀的差異，就很難對在意的人保持尊重。然而，研究顯示，彼此尊重才能維持長久的關係。在實驗室中，專家觀察伴侶的互動，只要有一方展現輕蔑的態度，嚴重鄙視對方，後來總是以離婚收場。[9]有些人會發生外遇，主因就是感受不到伴侶的愛慕，也就是全心全意的尊重。[10]

當彼此價值觀不同時，該如何保持尊重？首先，先了解尊重的含意，基本原則就是「己所不欲、勿施於人」，待人以誠。尊重也是一種信任感。你相信對方值得尊重、天生有價值、有尊嚴，在道德上不低於你或任何人。也許你不贊同他的行為，認為當中有需改進之處，因此保持疏離，但你不會把他當成次等人。你懂得欣賞每個人本來的樣子，尊重他的生活經驗，不會指望對方變成另一種人。因此，當你覺得很難尊重對方，就代表你沒有發揮足夠的同理心。就算你們互動頻繁，也只是表面上的來往。

對方的價值觀跟自己不同，有時真的很難尊重他，特別是他踩到你的底線，違背你的核心價值。這時你必須決定是否繼續往來、改變相處方式或乾脆一刀兩斷。我們在第九章會繼續討論如何處理這種僵局。不論你是否尊重對方，你仍然可以行禮如儀，至少在行為上尊重對方。既然想要被尊重，就先尊重對方，你的一言一行體現了公平的價值。

找出彼此重視的核心價值

每個人價值觀總是不同，但這些差異是否嚴重，可由四個因素去判定：

＊彼此的關係有多密切，是否建立在共同的價值觀上面。

＊哪些價值觀不同。
＊有差別的價值觀對各自有多重要。
＊這些價值觀是否彼此衝突。

如果你們關係很親密，一定會有許多的共同價值觀，但也有各自珍視的核心價值。比方說，在道德上，你每件事情都要保護對方，而對方重視個人自由；在感情上，你注重親密互動，而對方想要獨立和自由。這樣的價值觀差異就很難克服。如果只有一方堅持自己的價值觀，那就沒有人需要妥協，兩人的關係就不會出問題。有的人就是喜歡直來直往，講話直白、也不喜歡聽到刻意討好的話，但是你的伴侶對這點沒意見，那兩人就不會因此有摩擦。

不過，若兩人所重視的價值觀剛好對立，那相處上就會很痛苦，因為彼此的需求有衝突。你喜歡直來直往，但朋友認為在社交場合講話要得體而婉轉，以維持和諧的氣氛。那麼雙方的需求就很難得到滿足。除此之外，還有些人非常強調彼此要有共同的價值觀。所以當價值觀有衝突時，要仔細了解對方的需求。

意識形態的差異

除了價值觀之外，每個人也有自己的意識形態、信仰和人生觀。有些人傾向民主黨，有些人是忠貞的共和黨員；有的人是穆斯林，也有人是基督徒。這些差異會造成相處上極大的問題，要找到平衡點難上加難。

我們不禁懷疑，意識形態不同真的有辦法相處嗎？畢竟它會影響生活的各個層面，包括情緒、生活習慣、社交圈、心理狀態甚至是精神生活？這種差異是否能夠能調和？

意識形態不同，卻是難以克服的問題，如果要找到平衡點，首先取決於彼此的相處模式。兩人是否努力培養安全感與連結感，是否試圖了解對方的信仰、經歷和需求，以及如何看待對方的意識形態。

意識形態對每個人的重要性，通常由三個因素所決定：知識背景、意識形態在生活中扮演的角色，還有它們是否跟基本價值觀有衝突。我們已經討論過知識的重要性，所以接下來只討論後兩個因素。

意識形態支配我們的生活

對某種意識形態立場越堅定，就越難跟立場不同的人有共鳴、有連結感。有的人是虔誠的基督徒，很珍視這個身分，對於非基督徒就比較不會有感覺。

很自然地，每個人都會依自己所屬的群體來找尋自我認同，例如民族、宗教或政治傾向。弱勢族群想要喚起大眾對社會議題的關注，就更需要強調自己的身分認同。不過，在一般人際關係中，越是強調自己的身分標籤，不僅沒有辦法跟對方有連結感，也會限制自己其他面向的發展。

就算沒有強烈的意識形態，生活方式還是會受到影響。有些人很少強調自己重視養生，但購買食材時都會選擇有機食品。兩個人的意識形態不同，生活型態比較會沒交集，要和諧相處就越不容易。彼此要好好討論，是否能各退一步，以避免生活上的衝突，也不會傷害連結感。

意識形態的價值觀

意識形態主要建立在各種價值上，所以會反映出特有的價值觀。前面也提到，在政治意識形態上，保守派和自由派所注重的價值不同。[11]保守派比較強調忠誠度，如果家人以及所屬群體的福祉受到威脅，一定會想挺身捍衛。此外，他們也比較信任權威人士，不會質疑上位者的說法。他們更重視法律，期待每個人都循規蹈矩。

然而，就算這些基本的價值觀不同，關係還是能長長久久，但我們得多付出一點心力，以了解和欣賞彼此的差異。不過對某些人而言，「非我族類，其心必異」，所以無法適度包容價值上的差異，對於伴侶的要求也特別嚴格。

有時，即使意識形態不同，但基本的價值觀還是一樣，只是表現的方式不一樣。你是個溫和的自由派，但姊姊卻是保守派；她強調集體價值，你看重個人自由。其實你們都很重視社會大眾的福祉，只是關注的面向不同。

有時，基本價值不同是因為彼此的認知有落差。也就是說，你們的價值觀相同，但對於特殊事件所獲得的資訊不同。

在差異之下，感情才是最真實的連結

不論是生活方式有輕微的差異，或是意識形態上天差地遠，只要了解對方的想法從何而來，就比較能夠協調彼此的差異。換言之，我們得多用點心，知道對方信仰或需求如何產生，才能有效處理和協調這些差異，否則只是讓問題更加嚴重。

我們會在第八章討論有效溝通的方法。目前只要記得，無論兩人有什麼差異，感情才是最真實的連結。只要深入兩人的關係，就能找到共同點，去克服彼此的各種差異。暫時放下你們的衝突矛盾，也許兩人就會發現更真實的連結。

暫時放下差異，先把焦點放在彼此的感情連結，不代表要放棄自己的信仰或需求。而是要在關係中創造空間，以容納不同信仰、需求和生活方式，但是安全感和連結感並不會減少。也就是說，就算想法上有差異，生活中還是可以當彼此的神隊友。

成為神隊友，就能創造包容差異的空間

就算想法、生活方式不同，我們還是可以成為對方的神隊友。我們試圖了解、欣賞對方的環境、觀點、價值和生活方式。每個人都當個好夥伴，就能維持有安全感和連結感的關係。

就算信仰不同、人生目標不同，神隊友都會支持你，站在你這邊。就算觀點不同，他們也會試圖理解和尊重，讓你保有個人尊嚴和信念。

不過，當對方言行不一、有違良心，我們就無法繼續當個好隊友。如果對方的言行違反我們核心價值、威脅我們的安全感，就沒辦法繼續支持。如果你堅決反對種族歧視，那一定沒辦法接受自己的伴侶出現在白人至上的遊行活動中。

當然，彼此的觀點和價值觀相近，相處上會輕鬆許多。不過只要我們願意成為對方的神隊友，就能創造空間包容彼此的差異。我在書中所提出的原則和方法，都是為了幫助你成為神隊友，讓彼此的關係長長久久。許多人都發現，無論差異再大，只要變成彼此的盟友，安全感和連結感一樣都不會少。

在第五章談過，我們也會把次人格帶入關係。有的次人格會懷疑對方是豬隊友，感覺不被了解、重視和支持，進而質疑兩人的契合度和連結感。

有時你會有種渴望，想從事冒險的活動、追求刺激的經驗，但伴侶完全沒有這種想法，你因此感到失望，覺得你們應該不是天生一對，關係也沒那麼密切。次人格會造成嚴重的相處問題，有些伴侶一直想當爸爸、渴望有個家，但另一方喜歡自由自在。雖然這些次人格不夠契合，但只要精神上支持對方，雙方還是都會有足夠的安全感和連結感。

從你的日常舉止，伴侶知道你有時想追求刺激，理解你深藏的信念、欲望和需求。如果他能重視這部分的次人格，在言行上支持它。就算他沒有跟你一起去參加攀岩活動，你還是會覺得有十足的安全感和連結感，對方真是個可靠的神隊友。

因此，雖然差異會在相處上帶來極大的挑戰，但它並非無法克服。只要了解彼此的差異從何而來，就可以努力成為彼此的盟友。只要停止批評對方，就能清楚看到，原來是哪些差異在破壞連結感。如此一來，我們就能採取正面行動，讓彼此都受益。

第7章 拆解衝突的技術

想要擁有穩固且密切的人際關係，以及良好的社群互動，衝突處理是最重要的技能，每一個人都應該好好學習它。然而很少人獲得必要的指導，有技巧地去處理生活中的各種衝突。

絕大多數的人在沒有訓練下就去處理人際衝突，就像沒上過駕訓班就把車子開上馬路。一到可以考駕照上路的年紀，家裡的人就說：「你自己想辦法搞懂怎麼開車吧。」沒人教你交通規則，你只好笨手笨腳地胡亂摸索一番，回想其他人開車子的模樣。更慘的是，那些人也是靠自己摸索才學會開車，還因此有許多不好的駕駛習慣。

總之你還是開車上路了，沒過多久就發生了好幾次車禍事故。有時只發生輕微擦撞，你自己以及受害者只受到輕傷。但只怕有個萬一，就會發生重大車禍，造成無法復原的傷害。各種不良駕駛習慣，如未繫安全帶、違規超車等等，有一就有二，只會越來越難根除。

你誤解了交通規則，於是把自己造成的傷害怪到對方頭上，又或者是將他人的錯誤當成自己的問題。久而久之，心裡就出現陰影，會感到害怕，因為那些車禍事故會一直盤踞在腦海中。你知道自己駕車技術非常不好，無法保持行車安全，所以再也不敢開上風險高的路段，例如高速公路，擔心再度受到傷害。

所謂的人際衝突，便是彼此僵持不下，至少有一方的需求沒有得到滿足，特別是缺乏安全感與連結感。在長久而穩定的關係中，人們有技巧且誠實地處理衝突，安全感與連結感會不斷加強。如果關係禁不起考驗，只要有衝突，安全感與連結感就會降低。衝突總是會發生，不過在穩定的關係中，發生頻率較低。重點不在於如何避免衝突，而是在於如何化解；雙方一起面對問題，找出解方。

不了解衝突的本質，就無法發現它的價值。我們不曾學會有效處理衝突的方法，所以不斷地傷害彼此。認識衝突的起源，意識到它的重要性，便能勇於面對、化解矛盾。我們也更能體會到，每一次衝突都會帶來機會，只要能誠實地面對彼此，就能加深關係中的信任感、安全感與連結感。

找出長期衝突的源頭，重啟關係新樣貌

普遍來說，相處時偶爾發生一兩次衝突是常見的現象，但矛盾長期持續下去，就會侵蝕關係的穩定性。有些單純的問題沒有當下解決或視而不見，發生的次數越來越多，就會釀成長期的衝突，發展成複雜且難解的問題。

令人困擾的是，長期衝突總是週期性地反覆出現，似乎難以根治。每一次衝突發生後，就會留下誤解和傷害，問題就變得更複雜，令人找不到衝突的源頭。一開始只是作法與習慣不同：你想要帶紅酒去參加岳父母家的假日聚會，而你的另一半想要攜帶軟性飲料，那是他們家的傳統。這項微小的差異最後演變成大衝突，兩人大發雷霆。你們開始爭執，究竟是你的想法重要，還是要尊重伴侶的家族傳統。接著兩人開始翻舊帳，細數每次發生衝突時，都是誰在讓步。最後你們僵持不下，你堅持在派對上就是要喝個過癮，對方認為不可以對長輩失禮。

相處時間越久，衝突累積越多，找不到解決方法，內心的傷痛與不滿無法褪去，彼此都會變得敏感，有點小問題就會生氣，就算想要靜下心來討論，最後也是會以

吵架收場。我們開始失去信心，認為對方不再願意發揮同情心，彼此的安全感不斷下降。最後，彼此不再跟對方分享自己的想法與感受，關係瀕臨絕裂。

你們多次想解決衝突，卻都沒有成果，最終兩人精疲力竭，對未來感到絕望。你們陷入冷戰，不想再說任何話、做任何事，以避免衝突再次發生。你們變成最熟悉的陌生人，再也沒有辦法重建彼此的連結感。

在大多數的親密關係與婚姻關係中，至少都會有一項長期衝突。這是正常的現象，不代表關係經營失敗。只要能學會基本的解決技巧，就會終止長期衝突的循環，不論它是從何時開始的。長期衝突就好像混亂的線球，看起來由許多條線組成，全都糾結在一塊兒，但其實只是一條長線繞來繞去，似乎無法解開。一旦我們找出有問題的態度和行為、跳脫衝突模式，就能解開線球，創造出嶄新的相處方式，讓彼此更有討論空間。

在衝突之下，隱含對安全感與自我價值的渴望

相處上會有衝突，通常歸因於四種狀況：第一，無法協調彼此的需求；第二，有問題的言行舉止；第三，基本情緒（Primary Emotion）以及生理狀態引起的情緒；

第四，我們對自己的行為、情緒或處境有一套說法，並隱含對關係的期待。

除了以上四種情況，在絕大多數的衝突表面之下，都是為了要獲得安全感與連結感，想要對方關注自己的需求，並且有所回應。換言之，在看似糾結的衝突點之下，我們內心深處渴望被重視，進而確認自己的價值感與安全感。

找出雙贏的解決之道

如果兩個人的需求強碰，就會有一方無法滿足，進而導致衝突。不過，需求本身沒有問題，而是看待它們的方式錯了。

有的人相信，需求上有衝突時，最後只有一人可以滿足願望。對他們來說，無論是滿足對方的需求、找出雙贏的解法來維繫關係，都是次要考量，最重要的是先達成自己的需求。他們會一再提出要求，不達成目的絕不善罷干休，必要時可犧牲對方的需求。這麼一來，就會造成彼此的傷害。

有時彼此的需求不同，我們會批評對方的需求「沒必要」，一定是他哪裡有問題。用這種態度批評對方，他一定會感到羞愧、憤怒並升起防衛心。相反地，有的人總是委屈自己，把對方的需求看得比較重要。他不僅羞於承認自己的需求，還會覺得對方應該多關心自己，最後事與願違，他內心的不滿會一直升高，跟對方的感情也會越來越淡。

我們應該了解，除非彼此的需求都被滿足，不然單方面的快樂並不會長久。彼此都應該主動尋求雙贏的解決之道，至少讓彼此得到一部分的滿足感。舉例來說，這一個星期你頻繁地進行社交活動，你感到精疲力盡，一想到週末又要面對喜歡熱鬧的岳父母，心情就好不起來。但你太太想要跟自己家人維繫感情，當然不願取消家庭活動。你們的需求有衝突，但還是可以尊重對方，不要認為對方的需求「沒必要」。一起討論一下，找出替代方案，例如縮短那天聚會的時間，或是活動結束後找個地方放鬆一下。

破壞關係的行為

不論是主動的行為或是消極不作為，都會導致相處上的衝突。有時是做錯事，有時則是沒做到。我們大多不是出於惡意，有時還立意良善，但終究還是會破壞關係。

表達方式不好，或是對情況有誤解，相處上就會有衝突。你約了相親對象共進晚餐，但對方卻穿短褲和T-Shirt前來。你覺得對方沒有重視這次約會，所以非常生氣，雖然他只是不知道你今天挑了一家高級餐廳。

不過有些無禮的言行就真的對關係沒有助益，包括批評、無理的要求、無端猜測、拒絕參加重要的社交活動，以及各種缺少公平性與同理心的行為。

基本情緒以及生理狀態引起的情緒

每個人都會自主地、出於直覺產生基本情緒。面對到危險的攻擊者，我們直覺地會感到害怕。深愛的人突然過世，我們會立刻感到悲傷。基本情緒會導致衝突，主要是因為，人們隨即就採取相對應的行動，沒有停下來思考行動是否合理以及後續影響。

基本情緒產生之後，就會連帶出現衍生情緒（secondary emotion），它是衝突過程的一部分。導致衝突連鎖反應的要素很多，稍後會繼續討論。衍生情緒接著基本情緒而來，也是自發性的反應，正如你對攻擊者的恐懼轉化為怒氣，你就能保護自己。此外，你對基本情緒或處境的解讀，也會產生衍生情緒。

有時遇到陌生人，對方的言行特徵顯示他有攻擊傾向，你就會產生害怕的基本情緒，但隨後便指責自己怎會那麼膽小，出現了羞愧的衍生情緒。你送給母親健身中心的會員卡作為她的生日禮物，但她卻以為你暗示她該減肥了，反而心懷不滿。其實，她只要換個角度想，你是想要滿足她變瘦變美的願望，就會覺得感激。

生理狀態也會引發情緒。舉例來說，腦部的化學元素不平衡，會讓人感到沮喪、焦慮甚至過度興奮。這些情緒會引發不合宜的言行，造成彼此的衝突。你感到沮喪，就會提不起勁好好聽對方說話；對批評過度敏感，也會造成性冷感。但你會以為，如此無精打采，是因為主管沒有善盡職責激勵你；或以為你不再愛著伴侶，才導致性冷感。

內心的小劇場解決不了問題

我們的生活深深受自己的敘事所影響。每個人對自己的經歷或處境，都會有一套詮釋，並集結成一段故事。有次你進入咖啡店用餐，把自行車停在店外鎖好。走出咖啡店後，你見到一名男子正在端詳你車子的後輪，也就是上鎖的位置。你以為他想偷車，於是大為光火，命令他趕快滾開。但搞不好他喜歡收集古董自行車，上週還參加過同好大會，所以對你的自行車特別有印象。換個說法，你反而會覺得興奮又開心，想要上前與他攀談。你對他的態度以及當下的氣氛，全取決於你怎麼解讀情況。

相處上的衝突常常就是彼此的內心戲造成的。明明相處沒問題，但我們卻編出一套故事，自己越想越沮喪，甚而衝動行事。有天你下班回家時，經過一個廣告看板，上面寫著超優惠的峇厘島旅遊方案。你看著看著就惆悵起來，兩人已經很久沒有去度假，前一陣子為了家裡的財務分配吵了一架，現在還沒和好。想著想著你就開始生氣，對這段關係感到失望，走到家門口時，你又準備好要大吵特吵一番。

就算衝突不是敘事造成的，它也會嚴重影響關係，加深彼此的嫌隙。在一連串的衝突反應中，一定可以找到有問題的敘事。

有時我們惹上麻煩，就是沒有具體探究事物的實際樣貌。我們在腦海中上演各種劇情，以為自己所想的就是事實。所以面對敏感的感情議題，一定要再三確認彼此的說法，不然就很危險。處在高漲的情緒或內心感到脆弱時，大腦就無法理性思考，容易編造出扭曲、虛假的故事。好消息是，只要學著檢視敘事的內容，就可以掌握它的正確性。

發生衝突時，自己會有一說法以理解來龍去脈。[1]有的人個性比較嚴謹，做事有計畫又遵守時間，但他的伴侶卻隨性又熱愛自由，常常遲到還忘東忘西。你希望每天的行程都能事先安排好，所以需要時常與對方討論溝通。但對方老是推說不需要，久而久之你們就埋下衝突的因子，每次要行程安排，兩人就吵得面紅耳赤。你心裡形成一套說法，認為兩人就是合不來，對方缺點很多，如果他還不願改變個性，就無法繼續在一起。

當然這些敘事或多或少也反映出事實。但不只單方面相信有問題的說法，而是雙方都深信不已，一起延續、強化這套謊言。就像伴侶常說的，彼此差異太大，無法繼續走下去。每個人對衝突事件的感受、如何去解決，都取決於各自認知的事實經過。問題的解決方式，全都取決於從什麼角度看待它。

了解彼此深藏的期望，關係才能更緊密

我們對事件經過的說法，也會反映出自己深藏的期望。我們認為事情「應該如此」，現實應該往自己編造的故事發展。

每個人對不同的人際關係都有期望，甚至有許多想法自己並沒有意識到，也不大會清楚表達出來。基於我們過去的經驗與信念，我們會設想各種關係的模式，以

及當中的成員如何互動，並形成深深的期望。有的人出生在強調用餐時刻的家庭，家人一定會在餐桌上共進晚餐。你結婚生子後，也會希望跟伴侶和孩子共度晚餐時刻，因此不斷想像家人用餐的溫馨畫面，否則家人的感情一定有問題。

我們幾乎不會說出深藏的期望，一方面是以為對方也有一樣的願景，另一方面是自己也沒意識到有這些想法，除非需求未能獲得滿足、關係發生衝突時，它們才浮上檯面。

有些期望非常合理，也是人與人相處時必備的，就像彼此會期待對方言行有禮。不過，有些期望不切實際也不合理，還認定對方一定要照自己的方式去做，哪怕要犧牲對方的利益也在所不惜，這時關係一定會出問題。有次你得在週末加班，並期待同事也能來一同打拚。不過同事認為，週末一定要適度休息才健康，所以不願前來，你感到非常氣餒，心想他們對工作都不夠用心。最後你還是逼他們到公司加班，要他們犧牲寶貴的假日來工作。

我們一定要了解自己深層的期望，才能避免挫折感、失望以及衝突反覆出現。期望越大，挫敗感就越大；想法沒有獲得實現，心情就會變壞。開車出遊時突然變天或遇到大塞車，一定會覺得很掃興。有人希望伴侶在臉書上刪除前男友，但對方不願意，他的心情就會跌到谷底。

無論你喜歡與否，但只要做好心理準備，事情不如預期時就不會那麼難過。畢竟，在相處過程中，總會有些深層的期望無法實現，心中一直有不滿，連一些生活瑣事都看不順眼，不斷找理由吵架，只為了證明自己是對的。

在某段關係中感到挫折或失望時，不妨停下來好好思考，內心是否有期望沒獲得滿足。然後再仔細想想，這個要求是否真的非常重要，例如希望家人尊重你的宗教立場，或只是如牙膏要從哪邊擠那樣的小事。還可以想想，你的期望是為了滿足自己，還是對關係的進展有助益？或其實你提出的各種要求，都是為了取得關鍵的安全感與連結感。

一旦你釐清了自己的期望為何，就可以提出來討論，與對方展開深度對話。你們一起檢視這些要求的優缺點，坦然地表達想法，就可以維繫安全感與連結感。[2]

每個人都戴著有色鏡片看世界

基模（schema）就是我們的心理結構，它就像個人專屬的有色鏡片，為世間萬物添上獨有的色彩。基模包含你對個人、團體或處境的想法、立場以及印象，都是基模的一部分。我們會在腦袋裡進行分類，以簡化心智的處理步驟，自然而然就創造出基模。你一想到護士，腦海中就會浮現一些印象，比如女性、專業、關懷他人以及護士服。這些資訊會自動出現，是因為你有「護理師」的基模。

在關係之中，我們對彼此的形象也有既定的基模，它決定了我們的互動模式以及所扮演的角色。我們的想法、感受以及行為都受這些心智概念所驅動。

自我基模（Self-Schema）

自我基模形塑我們對自己的既定形象，當中包含一組信念，我們的自我敘事跟感受都受它們所影響。每個人都有好幾個自我基模，以應付生活中所扮演的不同角色，所以你可以身兼老師、父親以及伴侶三種身分。

基模療法是一種新的心理治療方式，治療師會檢視案主的各個自我基模，找出它們對人際關係的負面影響。[3]有問題的基模會加劇人際關係的衝突。我們誤解了自己、他人以及環境的真實情況，就會產生會毀滅性的信念，進而形成負面的基模。如同表7.1顯示出，毀滅性信念會觸發深層恐懼，驅使我們創造扭曲的自我敘事，觸發強烈的情緒反應，進而發展出防禦行為和防禦策略。防禦策略是為了擋開我們所

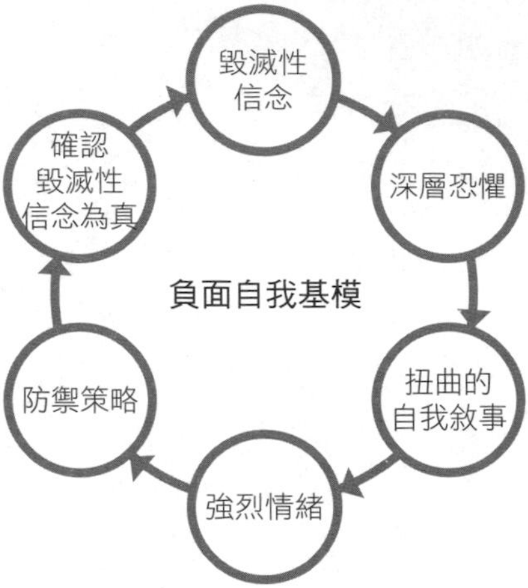

圖7.1. 負面的自我基模循環

恐懼的事物，但往往造成反效果，讓它們大舉入侵。

舉例來說，有「遺棄基模」的人，就會相信自己不被喜愛，終將被世人所遺棄。他的核心恐懼就是被人遺忘、冷落。伴侶沒有立刻回電，或是已讀不回，他就會創造負面的自我敘事，相信對方將離他遠去。這些小劇場引發他強烈的情緒，包括悲傷與憤怒。接著他施展各種防禦策略以降低沮喪感：包括不告而別，或是拒絕對方的所有好意，甚至糾纏著對方，一刻都不肯分開。這種策略會造成反效果，原本害怕的事情一一成真。伴侶覺得被控制、侵犯，最後選擇離開。這麼一來，他的毀滅性信念就被證實了，果然自己天生不受喜愛，終將被世人遺棄。

並非所有的衝突都起因於負面的自我基模；也並非所有的負面基模都來自於過往經驗，它們也可能源自某些心理問題，例如憂鬱症或恐慌症。此外，有問題的自我基模不一定都奠基於毀滅性信念。在高尚感的基模中，我們會認為自己比他人更有優越、更有原則、更加自律。其實我們只是沒有意識到，那只是每個人的生活方式不同，對方在你不了解的領域也非常自律。

他人基模（Other Schema）

在關係中，我們對他人也懷有某種基模，但不像自我基模那樣根深蒂固。[4] 他人基模當中也有許多信念與敘事，對方該怎麼表現、為什麼會做出那些行為，我們都有一套看法。就像自我基模一樣，我們對於特定的對象，也會抱有多項基模。尤其相處上有問題時，我們都會出於一、兩種基模而對他有成見。你熱愛運動、身材也很好，根據你的健康基模跟親子基模，會認為父親太懶惰了，也不關心自己的健康。相對地，父親也有一套基模，認為你太自戀了，只在意自己的好身材。

確認偏誤（Confirmation Bias）

基模會導致確認偏誤。我們只會注意、記住能證實某套基模的事物，如果跟基模的信念不合，就會當作不重要或忽視它們。你對父親有成見，認為他就是不愛運動，只記得他老是在滑手機看電視，卻沒發現他會走路去雜貨店買東西，而不是開車。

確認偏誤會觸發衝突，因為它會影響我們的自我基模和他人基模，進而對衝突過程有自己的一套說法。衝突一再發生，那套說法就會變得更扭曲，負面基模就更加難以撼動，之後我們就會把對方當成電視劇裡的壞人。

有問題的衝突敘事與基模會帶來各種負面效應，為了減低它們的作用力，最有效的方法是積極主動找尋相關的事實來加以確認。所以你應該注意，父親何時會去做運動，又為何晚上一直坐在沙發上看電視。這麼一來就能打破慣常的思考模式，讓自己保持彈性和樂觀。

每個人都有一踩就爆的地雷區

在某個觸發點刺激下，衝突就會白熱化，彼此都會被強烈的負面情緒給綁架。最後，我們就會透過自己的情緒鏡片去看待萬事萬物。

在某個情境下，當你的情緒開關被啟動時，你的反應就會特別激烈又超出一般需求，好像被下了符咒一樣，不能自主。你的情緒會瞬間爆發，從平靜轉為狂暴，彷彿一支引線很短的炸藥，一點燃就爆炸。受觸發的感覺每個人都懂，也都知道自己大概有哪些觸發點，總是有一些人或事能「啟動我們的暴走開關」。

情緒被觸發後，衝突就會更加激烈，關係就更難和解。腦中理性的功能彷彿失去作用，很難冷靜地以同理心去思考、感受與行動。我們沒有發覺自己的情緒被觸發，只會繼續拉長戰線，說出傷人的話、做出傷人的事，感情最後蕩然無存。

情緒被觸發不是什麼愉快的經驗，我們總會不遺餘力避免它發生，但反而弄巧成拙。比方說，晚餐時伴侶沒有認真聽你說話，你突然覺得很火大，認為對方一定覺得你很無趣，不把你當一回事。接著你就發飆，伴侶更加不想理你，最後先行離開。你最怕的事情終於發生。

情緒的觸發反應有其根深蒂固的模式，每一次衝突上演，互動模式就更穩固，好像黑膠唱片播放越多次、上面的溝紋就越深。我們很少意識到自己的互動模式，而是像開啟自動導航一樣，在相處中重複犯一樣的錯誤。你滔滔不絕，就怕對方不聽你說話，最後反而惹人厭。但你更加相信自己講話無趣也不受重視。這個惡性循環會持續下去，你的地雷區會越來越大，只要一踩到就會爆發。

情緒是會傳染的。只要一方被觸發，另一方的情緒也會激動起來。在相互刺激之下，雙方所害怕事情都會成真，回應的強度也會倍增。

安雅與瓊恩一同經營藝廊；前者是攝影師，後者是會計師。安雅自認為頭腦比較不好，很怕意見不被重視。在某次討論中，安雅認為瓊恩完全忽視她的提議。安雅既羞愧又氣憤，於是攻擊瓊恩，指責她仗著自己聰明就我行我素。

瓊恩以前也被父母指責，說她太過自我為中心，從不聽人說話、也不體恤他人的感受。瓊恩也被安雅激到，她最討厭有人說她自私、冷漠，既羞愧又氣憤。她猛烈回擊安雅，說她情緒化又不理性。安雅所害怕的事情果然成真，她果然是個笨蛋，因此內心更加羞愧。想當然耳，她只好繼續指責瓊恩是個自私鬼，兩人繼續針鋒相對。

被情緒淹沒時，先冷靜再做出回應

受到觸發後，情緒就會處於高度的激發狀態（heightened arousal），心理與生理都很躁動而沒有安全感。觸發的程度有高有低，有時情緒稍有波動，有時會完全失去理智。

情緒稍有波動、被微微地觸發時，我們比較不會意識到自己的地雷區被踩到，只會覺得心裡有點難過，或猜想自己是否太敏感。這種狀態會維持幾小時、幾天、甚至是好幾年。在輕度觸發狀態下，我們的心情一直在低谷，能量會不斷被消耗，人際關係也會出問題。最後，只要再出現一點點不如意的事，內心就會全面潰堤，輕微的擦傷會突然裂成一道巨大的傷口。

進入全面觸發狀態時，我們會完全被情緒「淹沒」。[5] 神經系統被腎上腺素與各種賀爾蒙完全灌滿，身心進入「戰或逃」的模式，只想逃離令人痛苦不堪的處境。被情緒淹沒，就無法理性思考，也無法發揮創造力和同理心。

這時我們認為所有的事情非黑即白，各種情緒起起伏伏，身體處在高度警戒狀態。我們無法從別的角度看事情，就像快要淹死的人不會想到下次總統要投給誰。我們聽不進去任何建議與指示，這時唯一重要的事便是想辦法活下去，並且返回安全地帶。

當觸發因子停止時，情緒不會馬上全面消退。雖然衝突已經化解，但是身體處在如此強烈的激發狀態下，就很難放鬆，除非我們找到辦法穩定身心。需要再過一段時間，體內的賀爾蒙以及其他化學元素才會恢復正常標準，痛苦情緒逐漸散去。大多數的人需要至少二十分鐘才能平靜下來，有些人則需要更久。有些情境太多極端，即使一些修養好的人也會被過度激發，需要更多時間才能讓身體回到安穩的狀態。

能意識到自己的情緒處於被激發的狀態，就比較有助於做出合理的選擇。即便只是受到輕微的觸發，若你能覺察到自己情緒開始起伏，無法用客觀的角度看事情，就不會認真看待當下的感受與想法，更不會基於當下的經驗去做決定。此外，意識到對方處於激發狀態，就要找出適當的方法來回應、安撫他。你發現對方已經被情緒淹沒時，就馬上知道，他需要時間來恢復冷靜。因此，我們不會在發生衝突、或衝突剛結束時，強烈要求對方要一起解決問題。

留意對方的情緒過敏原

婚姻治療師克利斯汀森（Andrew Christensen）指出，有三個組成要素會觸發情緒，理解後才知道怎如何應對：情緒過敏（emotional allergy）、挑釁（Provocation）以及壓力環境。[6]只要前兩項要素同時出現，情緒就會爆發出來。

人天生對某些事情會特別敏感和脆弱，我們稱之為情緒過敏。有的人不喜歡事情無法掌握，感覺自己無能。每個人多少都有些情緒過敏，也會帶進人際關係之中。

找出你自己或對方的敏感源，不要刻意去踩雷，關係就能夠改善。

避開對方的過敏原，有時自己就得不對等地多付出一些心力，比如一再確認對方是否害怕被遺棄；如果對方對背叛非常敏感，你也可以允許他閱讀你的手機訊息。這些保護行為都不大合理，但情緒過敏本來就是非理性的情緒。

有時彼此的過敏原剛好互相衝突。你最討厭行程被人掌控，但對方又對於背叛相當過敏，需要知道你所有的行蹤與活動。不過你可以做出承諾，一定會維持彼此之間的安全感，並且時常與對方討論，如何找出兩人都感到安心的相處方式。

挑釁會導致情緒過敏突然爆發。你哥哥一直很內疚，覺得自己不是個孝順的孩子。有天你勸他，應該多點時間照顧生病的祖母，他一聽到就惱羞成怒，認為你哪壺不開提哪壺。

其實我們也會挑釁自己。你對於背叛相當過敏，光是想到有員工會開小差，就會怒不可遏。有些行為沒有不良意圖，但會激起我們的情緒，那也算一種挑釁。你被解雇放長假的期間，父母伸出援手給你一筆生活費，但卻碰到你的過敏原；你很在意自己的經濟狀況，拿父母的錢就代表自己的獨立性不夠。

除了過敏與挑釁之外，外在的環境因素也會激起我們的情緒。壓力越大，情緒爆發的風險更大。睡眠不足、工作壓力過大、人際關係有危機時，就會更容易被挑釁。相反地，處於平和的環境中，遇到不如意的事情，也能心如止水。

如同生理上的過敏，情緒過敏也有等級之分，挑釁也有嚴重或輕微的。因此，情緒爆發有多嚴重，取決於過敏程度以及挑釁的嚴重度。有的人對花粉不會過敏，身邊也沒有花草植物。但有的人對花粉嚴重過敏又剛好去公園散步，身體馬上就會有不適的反應。免疫系統被疾病或壓力破壞的話，過敏反應就會更嚴重。

情緒過敏與反應會給我們帶來極大的羞愧感。情緒被觸發時，每個人都會變得脆弱又無法自制，很容易就做出之後會後悔的事。因此，我們一定要將心比心，每個人都是在無奈的情況下受到觸發，不得已才對挑釁做出回應。就算是有智慧的人也無法免疫，也會有他的過敏原。再怎麼有韌性的人際關係，也都會有情緒上的地雷區，不可不察。

用感性的方法撫慰暴走的情緒

情緒被觸發後，有些行為可幫助我們冷靜下來。我們可以深呼吸或是默念數字，學者稱之為「自我調節行為」(self-regulating behaviour)，或是透過「共同調節行為」(co-regulation behaviour)消除彼此的疑慮，一起冷靜下來。[7]

當然我們可以發揮理性，找到辦法提供安心的保證，以加深彼此的理解。人際關係專家康貝爾(Susan Campbell)以及葛雷(John Grey)都建議，有時可以放下理性手段，改用共同調節行為，因為當我們被觸發時，大腦已經被不理性的情緒所掌控。[8]你可以溫柔看著對方、輕觸他的背，用輕緩的語調說出簡短的安慰話語。神經心理學家塔特金(Stan Tatkin)則建議，人們應該培養習慣，在日常生活中加入共同調節行為，尤其是在分離或相聚的時刻。要出門工作或剛抵家門時、正要入睡或剛起床時，都可以跟伴侶擁抱、眼神交會以及用熱情的語調問候與道別，就能維持安全感與連結感，效果非常神奇。[9]

衝突的連鎖反應

絕大多數的衝突，尤其是長期衝突，皆非出於單一因素，而是各種因素環環相扣所產生的連鎖反應。衝突也都不是單一、具體的問題所造成，而是對於某些因素所產生的反應。如果一方的回應方式沒有建設性，對方也會消極應對，一來一往陷入惡性循環，衝突日漸嚴重，問題持續更久更複雜。

防禦策略只會帶來更多問題

遇到問題時，採用毫無建設性的方式回應，其實是一種防禦策略，這樣才能避免心裡更加痛苦。但這種手段多少是為了掌控局勢。童年時，我們為了面對令人難受的處境，便發展出防禦策略，試圖穩定局面。如果父母易怒且經常辱罵小孩，小孩就學著表現順從以面對他人的怒意。他切斷自己的感受，並試圖迴避跟家人互動。

這種處理機制在童年時管用，畢竟那時我們不知道有其他方式來緩解難過的心情。但成年之後，與人相處時，就得時時留意自己的感受以及行為意圖，這時順從型的處理機制就會造成反效果。而且經過長時間反覆練習，這個機制已根深蒂固，變成自動自發的無意識反應，我們完全沒有察覺到，這種策略對彼此一點幫助都有沒有。

防禦策略最終會引發新問題，而且比你原先試圖解決要解決的情況更加複雜。就像心情不好時不去找朋友訴苦，你反而開始酗酒，所謂「藉酒澆愁愁更愁」，情況最後變得更複雜難解，因為你已經變成酒癮者了。你的難過沒有解決，還變成酒鬼，現在你的困境到底是哪個造成的，你也分不清。

表現脆弱的一面，軟化對方的態度

防禦情緒會導致防禦策略。發生衝突時，我們一開始會感到很脆弱，但很快便會升起防衛心，出現防禦情緒；我們用它來偽裝、保護脆弱的自己。因此，問問自己這個問題，也許可以找到線索：在表面的情緒之下，是否有哪些更深層、更脆弱的情緒？

深層且脆弱的防衛性情緒被觸發時，如果沒有察覺到，就無法找出有效的辦法來改善情緒，也無法表達自己的需求。在家庭聚餐時，有個親戚開玩笑說，你把孩子寵壞了，這樣他長大後就會變成草莓族。這時你自己的親姊姊居然跟著那些遠房親戚大笑，你一定會覺得難過又羞愧。你想要獲得姊姊的理解與安慰，以及她對你的支持，你需要她作為你的盟友：重視你的感受，受傷時會在身邊陪你。如果你沒有意識到自己的脆弱情緒以及需求，就無法清楚表達出來。你沒有向姊姊求助，與她分享你的想法與感受，反而在生悶氣，不想理睬她，故意裝作冷淡。

防禦情緒很容易引發對方的防禦情緒與行為；你一生氣，對方就會回擊；你避不見面，對方也會轉而消極以對或更加不滿。

表達出自己脆弱的一面，對方才比較能同情你的立場，做出適當的回應。與其互相激發防禦情緒，還不如傳達脆弱情緒，喚起對方內心柔軟的一面。

時時保持覺察，分析自己的衝突連鎖模式

要打破衝突連鎖，需要時間、身體力行以及反覆摸索。採用防禦策略比較省事，但長期下來對彼此並沒有好處。停止使用防禦策略，就不得不面對原本想減輕的恐懼感，並喚起內心的勇氣。你跟好朋友坦承，彼此的政治立場天差地遠，你害怕這會成為你們友情的阻礙。你不再試圖維持表面的和平，也願意暴露自己脆弱的一面。

要改變敘事模式的很難，要不斷汲取教訓，才能擺脫既有的循環。雖然不得不暫時拋下自尊心，但重要的是，過程中必須對自己有耐心與同情心。

第一步就是保持察覺，留意自己的行為模式，以中斷衝突連鎖。相處時開啟自動導航模式，就會繼續強化「攻擊—反擊」的互動模式。重要的是，學著自我觀察，跟自己的想法和感受保持一點距離，用客觀的角度、帶著同情心觀察它們。看著自己的一言一行，你那些想法與感受的驅動力會稍微減低，你的洞察力與自我約束力也會加強。

遇到狀況時，留意自己的回應方式，三思而後行，想想看，這麼做真的能達成目的嗎？它是否反映出你的價值觀以及自我認同。也許你還是會感到沮喪，但至少不會被它掌控。你可以直視你的沮喪感，試著理解它從何而來，等情緒過去後，再以非防禦策略做出回應。與自己的想法和感受稍微保持距離，這種方法有長遠的效果。許多人都證實這個辦法有效，不僅可以隨時提醒自己，還可以減低壓力、改善人際關係，改善生活各方面的品質。[10]保持覺醒，不再下意識地做出回應，就能發自內心地表達需求。

找出衝突連鎖中的各種因素非常重要，這樣就可以在任何一個環節上中斷連鎖。發生衝突後，把過程記錄下來也很有幫助。原原本本地寫下你記得的任何細節。然後追本溯源，嘗試去理解具體的衝突起因。寫下越多細節，就越容易找出頭緒，防止它們再度發生。

找出自己的衝突連鎖模式，便可以想想看，每項衝突因素是否有替代方案，可以馬上停止彼此的紛爭。婚姻治療師克利斯汀森指出，想改變關係，不只是要停止無用的互動模式，還要用有效的模式取而代之。[11]

附錄二包含一段衝突案例以及分析；附錄三是空白的衝突連鎖表，可以讓讀者自行填寫；附錄四有幾則練習題，用來引導讀者找出問題。

有些人能幫助你釐清想法，看到你並未意識到的事物，與他們交談會有所助益。但記住，要確定這些人誠實又可以信任，從來不會輕視你的人際關係，也不曾與你發生衝突。否則就算他完全支持你的看法，事態也只會更加惡化。

除非你已經很了解自己的行為與反應模式，否則不要貿然在衝突後去跟對方溝通。準備好了之後，安排一段時間，坐下來好好分享彼此當時的想法感受。如果想重新建立安全感與連結感，你們也可以提出各自的需求。為了達成和解，有效的溝通原則非常重要，我們在下一章會繼續探討。

有效預防和終止衝突

衝突發生時，彼此都要懷著同情心，冷靜思考問題出在哪，才能做好衝突管理。為了改善生活，一定要誠實面對那令你痛苦不已的關係，並時時保持覺察。理想上，雙方必須一同設法改善。但就算對方不願意配合，只要他沒有惡言相向，還是可以先單方面努力，改變你的態度，就有助於先終止惡性循環。

接下來我們會說明如何預防與處理衝突，包括有效傳達歉意以及創造安全感。

最後會提出幾項好用的原則與方法，你可以自己先開始練習。若你已經成功落實這些步驟，對方還是不願意帶著同情心去面對問題，你就知道他怎麼看待這段關係。這時就要好好想想，這段關係是否要繼續維持下去。

抱怨有時是在試圖尋找問題

大部分人都很少意識到預防和管理衝突的重要性，所以衝突發生時很難有效化解。事實上，就算有人想嘗試去處理問題，也會被眾人潑冷水。

在成長過程中，許多人都深信，要經營良好的人際關係並不難；而如果維持這段關係要多費一點力氣，就代表彼此不適合相處。特別是在戀愛關係中，大部分人都有這樣的誤解。但是愛情小說、好萊塢電影很難反映現實情況，絕大多數人也不太理解，要維持長久而穩定的關係，需要哪些條件。所以這些關係迷思就代代相傳下去。

需要時間與努力，我們才能經營長久而穩定的關係。一有誤解、傷害以及衝突時，彼此都要有意願去面對和處理。

在一段關係裡，通常會有一方比較理性，較能夠理解與回應對方的各項需求。

正因如此，他們是付出較多的一方，負責維持這段關係的長久與穩定。關係出現危險徵兆時，他們也會最先警覺到，比如感情變淡又或是有位討人厭的親戚搞破壞。

在一段正常的關係中，工作應該要平均分配，雖然我們習慣讓彼此發揮所長。而夫妻日子過得比較苦時，安全型依附的伴侶會努力當啦啦隊長，擅長工藝的伴侶會負責修繕房屋。理解且重視雙方所帶來的能量，認同各自付出的努力，關係才能長長久久。

重視彼此帶來的能量，才能維持關係的穩定。不過，人們總是以為相處不需要努力，反而會輕視身邊親近的人，而不是好好疼惜。有時伴侶想要討論問題，我們就會轉移焦點或逃避，還會在一開始時就把過錯推給對方。有的人會說：「原本一切都好好的，是你先開始翻舊帳才讓氣氛變差。上次吵完都過了一個禮拜，你就不能放下嗎？」或是說：「這段關係沒什麼問題，我過得很快樂啊！為什麼你沒事要找事做？總是抱怨東抱怨西？」

不過，只要一方覺得有問題，那這段關係一定有需要調整的地方。

事實上，抱怨就是在試圖尋找問題，需求未獲滿足時，就會有這種不快的感受。仔細提出自己的需求後，還是未獲得滿足，就得再次溝通。來來回回好幾遍後，我們就會被當成永遠不知足的抱怨大王。當然，抱怨往往不是衝突的起因。問題在於，一開始若沒有得到適當的回應，就得一再反覆提出要求。當我們提出需求時，如果被當成在抱怨，還罵我們太難搞，這種感覺就像當面挨了一拳，還被責怪怎麼流那麼多血。

事實上，並非我們需要被捧在手上，而是對方沒有用心經營這段關係。人際關係就像房子跟汽車，一定要付出許多努力，才能維護它適當運作。

有效的道歉

在處理衝突的過程中，有效的道歉非常重要，這樣才能向對方確保以下幾個事項：

＊我理解自己所造成的傷害。

＊我為自己所做的事感到自責。

＊我會擔起責任。

＊我會竭盡全力防止同樣的事情再發生。

為了讓對方安心，這些保證都是必要的，對方才會感到我們真心關心他的福祉，絕不會再以同樣的方式傷害他。

一般來說，原本的道歉不足以消除對方疑慮的話，對方就會希望我們再提出保證。這時我們絕不能說：「我已經說過對不起了，你還想要怎樣？」否則關係一定會惡化。這種話聽起來很敷衍，也沒有誠意，只會增加對方的不安全感。我們沒有意識到，這種道歉方無法有效傳達我們的心意。不但無法消除對方的疑慮，他還會變得退縮，不奢求你的道歉。雖然他們確實需要你一再保證，才能再次有信任感和連結感。單純說聲「我很抱歉」，對方不會覺得你理解他的難過，內心感到不安，慢慢就會疏離你。

有效的道歉包含以下內容：

＊直接表達歉意，使用「對不起」或「向你道歉」這類話語。

＊你表示願意負責，也知道自己做了哪些傷人的具體行為，所以你應該說出：「很抱歉對你大呼小叫。」這才是真正認錯。

＊千萬別說出：「很抱歉讓你這麼難過。」這樣只是在同情對方，就像對方親

人過世時向他致意一樣。

＊發揮同理心，親口說出，你知道自己做了傷人的事。

＊對方感受到多少痛苦，你就應該表達出同等的歉意。

＊你知道自己說出的話造成極大的傷害，漫不經心地說聲「我很抱歉」並無法撫平傷口。

＊為了讓對方安心，放下身段，不斷重複道歉，這才是有效的方法。

＊向對方賠罪，並提出補償方案。開口問對方，哪些事情能讓他們比較好過；你能接受的話，就馬上去做。

原諒需要時間。不要以為你已經道歉了，對方就一定會諒解、恢復信任感。

顧及對方的安全感

為了有效處理衝突，首先就要顧慮到對方的安全感。不安的人很難保持理性，發揮同理心。當然，人身安全絕不可以受到威脅，情感上的安全感也要顧到。因此，我們絕不可以威脅要遺棄對方，或是說出羞辱人的話。就算你當下真的想結束關係，也不要衝動說出難聽的話，否則對方只會覺得你為何如此可惡，一心要破壞彼此的信任感。

間接威脅要遺棄對方，也會嚴重傷害對方。暗指對方不夠好，說他比身邊的人都差勁，他一定會心碎，留下永遠無法癒合的傷痕。安全感一被破壞，關係馬上就會有裂痕，也會讓對方受傷。

有效解決衝突的原則與方法

下列方針有助於減低衝突發生的機會，把破壞性的衝突轉為有建設性的溝通。

* 改變你看待衝突的方式，化敵為友，把彼此當成隊友，一起去對抗問題，搶救兩人的安全感與連結感。
* 三思而後行，做五次深呼吸才回應。相處有問題時，狀況不是很急迫的話，就等到冷靜下來後再處理。
* 寫下情緒性的簡訊或電郵後，先不要按下傳送鍵，至少等到隔天再寄。
* 情緒被觸發或者感到不受尊重時，先跟對方「叫個暫停」，兩人分開一下，

至少半小時後再聯絡對方。

*冷靜下來後，再重新檢視方才的對話。

*在衝突中令人懊悔的言行，都是太快做出回應，而非拖太久。

*盡力去維持友善的態度與意圖，不要把對方當成壞人。

*切記，衝突一定會造成傷害，但也都可以修補。隨時隨地改變你的處理方式，把能量都用在修補關係。

*盡量找出雙方所有的說法、感受與行為。彼此的說法一定有偏頗之處，相互理解才能找出客觀事實，以同理心重建連結感。

*解釋自己的傷人行為時，要提出具體的事項，而非找藉口。

*適時發揮善意的幽默感，不僅能卸下對方的心防，也能提醒自己，衝突的原因不像表面上那麼嚴重有威脅性。

*對自己有信心。自己想什麼與感受到什麼只有自己清楚。同理心很重要，但你無法確切知道對方心裡到底在想什麼，除非他們告訴你。

*一次只討論一項議題。你也許會忍不住想開始翻陳年舊帳，但討論太多過去的事情，焦點就會變模糊，且一定會吵起來。

* 大多數的長期衝突都有個核心議題，試著找出關鍵的衝突點，也許表面上的衝突點正是彼此關係的轉機。
* 避免獨斷的態度與行為，諸如蔑視、敷衍、批評以及奚落。
* 避免心理學家柯珊保所謂的「拒絕討論症」，一次又一次地逃避問題，永遠無法改善關係。[12]
* 多做一點可以產生情緒連結的行為，比如放下身段跟對方求助。
* 觀察自己如何從衝突中復原，做了哪些事情以修補受傷的感覺。
* 比起發生衝突，你從過程中學到什麼，採用哪些溝通方式，會有助於未來產生安全感與連結感。
* 原諒對方。
* 每週固定討論一次，大約三十分鐘，探討彼此的關係，並確保你不會讓問題更加惡化。[13]
* 找不到方法同時滿足彼此需求的話，就把需求列出來，用一到五分排列出重要性，優先處理分數最高的那些項目。

有效溝通是一項技能，努力練習就能改善人際關係。

培養自我覺察的能力，發展出清晰的洞見，才能有效管理衝突。此外，還要發展出面對脆弱與真實的勇氣，充分展現同理心與公平態度，不要一心想要施展防禦策略、掌控情勢。學會有效的衝突管理，就能帶來契機，增加坦然的態度，加強安全感與連結感。

只要學會管理衝突，將來就算發生激烈的爭執，仍舊能夠保有安全感與連結感。而且，我們可以更坦然地做自己，自在地說出自己的想法、感受與需求，不再害怕關係會疏遠，也期待對方能這樣做。有效的衝突管理有助於改善人際關係以及生活，進而讓自己的潛能可以充分發揮出來。

第8章 懂得說話也擅於傾聽的溝通之道

在所有的重要人生技巧中，只有一種人人都學得會，那就是有效溝通。這項技巧好處多多，幫助我們更加善於表達，互動方式會更健康、更有建設性最終改善人際關係。

為了達到有效溝通，我們必須意識到自己的每個想法與感受，並能帶著同情心清晰地表達出來；也要鼓勵對方這麼做。因此，有效溝通不只是把正確的話語串連在一起，而是一種生活方式。在有效溝通下，就能坦然說出心裡的話，彼此發揮同理心，更加了解對方，進而產生更多安全感與連結感。

往好處想，我們每天都在互動，不斷在溝通，不管是透過言語或文字，都能培養「有效溝通」的能力。但實際上我們都是開啟自動導航模式在與人互動，所以在有意無意間都會對他人造成負面影響。

舉例來說，你上班正忙碌的時候，朋友發訊息跟你說，他找到你上次買不到的衣服了，雖然你覺得很感激，但卻沒有空謝謝對方通知。這時朋友所接收到的訊息是，你不感謝他的付出，或是不在乎這件事，所以連一句感謝都沒空說。朋友會覺得你不重視他的感受，心裡覺得受傷，以後就不再會想與你聯繫。

此外，許多人在生活中常與人發生衝突，長期下來挫折感很重，主要原因都是出於無效溝通。交談一直不順暢，人難免會覺得精疲力竭、不滿一直累積，對於這段關係也不抱持希望。人與人之中總會有誤解，溝通時細節也交代不夠清楚，問題從未獲得解決。溝通出了問題，但我們沒有認清事實，於是一直在社群媒體或其他平臺接收有毒的批評，最終身心俱疲。停止或減少無效溝通，就可以保存巨大的能量。停止不健康的互動模式後，就不用再擔心說話沒人聽，無法表達出真正清楚的訊息。

有效溝通是一套原則以及技巧，每個人都可以使用，有助於增進彼此的理解。只要花時間努力練習，就可以掌握當中的訣竅。

有效溝通的基礎

每段溝通都有兩個部分：內容與過程，前者是溝通時討論的焦點，後者是溝通的方式。人們比較容易記住討論的過程，牢牢記住互動時的感覺，反而不會記得太多討論內容。

討論的過程比主題還重要

有效溝通奠基於健康的溝通方式，不論議題為何，討論過程都不能太草率。不管是和家人討論在家裡開伙或是上館子，或是和伴侶討論應該以哪種精神去教養孩子，都應該秉持正向無害的溝通原則。溝通時，彼此都要理解對方的目標與訴求，最終目的不是為了講贏對方或證明自己是對的，而是為了相互理解，分享彼此的真實感受。正向的溝通過程可以建立連結感，達成雙贏的局面。

開始溝通時，我們往往沒有意識到自己的訴求，總是受到無意識的欲望所驅動，想要為所欲為或是證明自己的見解。因此，自我反省相當重要，才能找出內心隱藏的訴求，避免它破壞有建設性的對話。

人相處難免發生爭執，想要證明自己是對的、要求是合理的。你不想出席表哥的結婚典禮，那種場合人多嘴雜，你想跟母親說出真心話，希望她不要勉強你出席。不過，重要的不是達成你的訴求，而是你們是否理解彼此的難處，這樣不管有任何衝突矛盾，都能創造出共同可接受的解決方案。

世上沒有完美的溝通過程，也沒有絕對無效的對話，只要有互動，總是會有收穫。當然，過程越健康，就更能同理對方的立場，並達成共識。過程越有問題，討論就會失焦，還會有人感到受辱。不論對話的內容為何，不論雙方的意見與需求差異多大，只要有健康的討論過程，彼此就能坦率地表達意見，增強安全感與連結感。相反地，不管要談什麼議題，只要討論過程魯莽草率，最後一定會吵起來，破壞彼此的安全感與連結感。

爭論只是為了證明自己的地位

一般來說，討論過程最好保持平和的態度，而不是爭得面紅耳赤。爭論從來就沒有建設性，只有在極少數的情況下才管用，例如法庭辯論或是候選人的辯論會。爭論是為了講贏對方與證明自己的觀點，讓對方漏洞百出、啞口無言，在大多數情況下都會產生不良的溝通後果。

意見僵持不下時，就很容易會陷入爭辯，這時我們的注意力完全放在各自的見解，而忽略了過程。我們試圖說服對方自己是對的，攻擊性和防禦性也越來越強。跟伴侶、親人的爭論最沒有建設性。當然，不管是對誰，踩中地雷一定會吵起來，但跟親人總是在較勁，宿怨累積已久，誰也不讓誰。只要意見一有不合，就會越吵越兇，無法就事論事，只想堅持己見、保持自己的地位。這種議題在宗教、政治上特別明顯。

聚焦於過程而非內容，溝通才不限於僅僅表達意見，還要接收對方的需求、感受和經驗，這樣才能建立深度的人際連結感。只要慢慢練習，就算是十分難解的議題，都可以跟家人、伴侶提出來討論。

練習誠實對話

每段溝通都有兩端，傳達者與接收者。透過話語或行為，我們傳達訊息；透過聆聽或目擊，我們接收訊息。要達成有效溝通，傳達者與接受都要誠實以對。

有效溝通是為了確認訊息，而非否定對方，所以我們應該讓對方感受到自己的想法與感覺，也要認同對方的需求，不要暗指對方想太多了。真誠相待、尊重彼此、維護雙方的尊嚴，有助於增進彼此的自我價值感。

練習誠實對話時，要努力保持同情、禮貌、正義、誠實與勇氣等價值，要試著透過對方的觀點去看世界，而不是先入為主地批判：

*保持禮貌，帶著好奇心去聆聽對方的想法，不要直接跳到結論，或只想等有發言機會時，大談自己的觀點。
*在關係中實現正義，就是「己所不欲，勿施於人」，不要說太多也不要說太少。
*保持慈愛，如實地描述事情，不要信口開河。
*最後，要有勇氣表現出自己脆弱的一面，也要勇敢地接受事實、說出實話，即便那會使對方難受。

以上這些練習也可以用在自我對話中。

為了練習誠實對話，溝通過程越慢越好，這樣才能中斷自動導航模式，改變舊習慣，替換為新習慣。大多數的人，一輩子在跟人溝通時，就像開啟自動對話模式一樣，總是消極地你一言我一句。想變得更積極，就要努力改善溝通方式，提升覺察力，把注意力放在當下。

我們必須使出全力，展現誠實對話的態度，不是期待他人付出，造成對方無謂的負擔。在誠實對話中，對方比較能理解我們所說的話，不會為了表達己見而打斷我們，拼命要抓住我們的注意力。要如何確保自己有在進行誠實對話？最簡單的方式，每隔幾分鐘就暫停一下，問自己幾個問題：

＊對方現在看起來感覺如何？
＊是否說的比聽的還多？
＊我是否有嘗試了解對方——他們感覺如何、在想些什麼？
＊我是否被動聆聽，但而沒有適時回應自己的看法？
＊我的行為、說出的話、保留沒講的事情、我的語調，會給對方帶來什麼影響？

這些問題都有助於讓對話維持在誠實的正軌上。

為了練習誠實對話，自我覺察是必要的。忽略自己的想法、感覺與需求，情緒最後一定會爆發出來，以負面的方式去溝通，造成關係決裂。情緒宣洩時，我們會透過行為傳達出無意識的感受或需求。

舉例來說，週末假期後，姊姊她們家又再一次地忘記歸還你借給他們的睡袋，但接下來幾天換你要去露營，你為此氣急敗壞。不過你沒有直接去反映問題，而是用間接的方式反擊。你在潛意識的引導下，在自己的行事曆上記錯了日期，因而無法參加他們精心計畫了好幾個月的家庭烤肉日；而且你在最後一刻才「意識」到自己寫錯日子。

發展自我覺察的最佳方式就是練習正念，留心當下的狀態，只要不斷練習，就可以隨時保持覺醒。保持正念狀態，比較能覺察到內外在發生了哪些事情。冥想是培養正念的最佳方法。現在有許多手機ＡＰＰ可用來練習冥想，即便是一天十分鐘也可以提升自己的正念覺察力。日常生活時，可以設定計時器讓自己不時暫停手邊事務，問問自己現在感覺如何、正在想些什麼。此外，我們之後將會討論到幾項練習法，有助於充分表達意見與傾聽心聲，亦有助於培養正念。

還有一點，練習誠實對話就是學習接納彼此。自己持有的想法、感受與需求，是我們唯一能確實知道的事情。因此，我們也要承認，唯有對方才真的了解他自己的感受。換言之，不要去判定對方當前的情況。在第四章中我們解釋過，批評對方的想法、感受與需求有問題，這是最不尊重的行為，跟精神虐待沒兩樣。單方面去判定對方的情況，就是在否定他們的感受，對方的防衛心一定會被激起。我們不會讀心術，不可能單方面確知對方的感受，否則只會讓問題更嚴重。

以下的例子就是有人在單方面判定事實：

麗茲：上次我們出國旅行的時候，我覺得當地的美食真棒。

德尼：哪有，妳總是在尋找最近的速食連鎖店。

麗茲正在講述她的感受，然而，德尼的評論彷彿他是對方肚子裡的蛔蟲。但麗茲沒有錯，她喜歡當地美食，也會忍不住去找速食連鎖店。

米歐：太誇張了，老爸剛剛在親戚面前說我是「書呆子」。我告訴他我退出了足球隊，要加入天文社。每個親戚都跟著他一起嘲笑我。

阿尼：冷靜下來，他是開玩笑的，你幹嘛老是這麼認真？

記得，我們跟對方意見不同時，也不能否定對方。否則對方一升起防衛心態，那彼此又怎麼能分享真實的感受。聊到某些敏感且意味深長的話題時，一定要讓對方保持開放性，讓我們的訊息可以完整傳遞出來。學習有效的溝通原則，還要實際練習，才能有效地表達意見與傾聽對方。

把「對方放在心裡」的溝通之道

有效地表達心裡的想法，才能減少誤解、避免自己不滿。及時說出該說的話，才能建立信任感。這麼一來，就可以為聆聽者創造出安全的環境，使他們降低防衛心，更願意聽我們說話。最後兩人都能打開心胸，帶著同情心相互交流。

有效表達心聲，就能展開坦率且誠實的對話，而不是傳達出混亂又擾人的訊息，讓聆聽者必須大費周章、字字推敲，才能想通我們真正的意思。有時對方還得想辦法把話題拉回來，要我們講慢一點，或是我們身上找尋蛛絲馬跡。傳達的訊息夠完整，對方就不用因為東猜西想而焦慮。最後，訊息盡可能溫和且保持客觀，聆聽者才會降低防禦心，覺得自己被理解以及受到重視。

能夠誠實且開放地進行溝通，我們也能學到一些道理。許多人生最重要的體悟都是來自於聆聽自己的心聲。

完整訊息的四個部分：觀察、想法、感受與需求

心理學家麥凱（Matthew Mckay）博士等人在他們的著作《訊息：溝通技巧大全》（*Messages: The Communication Skills Book*）中提出一個具體的概念，讓讀者理解如何完成有效的表達，他們稱之為「完整訊息」（whole message）。[1] 傳達者要秉持「非暴力」的溝通原則來提供完整訊息，這樣就可以避免自己去單方面去評定事實，還能創造出客觀、尊重與信任的討論空間。

完整的訊息包含四個部分：觀察、想法、感受與需求。當然，並非所有的訊息都必須傳達出這四個部分，但這項準則可應用在任何處境中，以確保溝通的清晰度。

首先，透過感官的觀察，說出眼中所見、耳中所聽到的事情，客觀地陳述事實，而非臆測、詮釋或推論。所以我們可明確說出「現在是華氏九十度」、「我今天把手機丟在家裡」或是「愛爾蘭的官方語言是英語」。

基於觀察，我們表達想法，說出結論或感想，就是對於事實的主觀詮釋，包含價值判斷、信念或是意見。所以我們會揣測「人際關係需要努力經營」或「丹麥的

歷史讀起來很有趣」。

表達感受，就是陳述自己的心情，所以我們會說，「對於我昨天說的話，我感到羞愧」或「我非常高興，感激你陪我一起去聽生涯發展的演講，對我來說意義重大」。不過，有時我們說「我覺得某事如何如何」，實際意思是「我認為如何如何」。所以當你說「我覺得最近網路上很容易一言不合就吵起來」，其實是在陳述看法。

表達需求，就是傳達出要求或期待。我們在第二章中談到，許多人總是不好意思提出要求，所以從沒學到如何表達出來，只能透過間接的方式去獲得滿足。但是，既然你沒有清楚傳達自己的需求，還期望他人符合你的期待，這一點都不公平，最終只會帶來失望與衝突。[2]

清楚地表達需求，例如「你下班時能不能順道去超市？我今天晚餐很想做義大利麵，請幫我買食材」。或是當伴侶表示，他無法在你生日那天陪跟孩子去聽演唱會，你覺得他這個決定會影響到全家人的行程與感情，所以要求他「今晚能不能空出一段時間討論一下」。

正如同觀察、想法與感受，需求也反映出你的「體會」，因此表達的同時不應該間接責怪或批評對方。此外，你應該提出具體而直接的要求，找出現成的方案滿足它們。

人際關係專家瑞爾指出，有時補充第五個要件，訊息會更完整，也就是詢問對方：「請問我做什麼事情，能有助於你滿足我的需求？」[3]這個附加條款很有用，你藉此表達自己不是無理取鬧，並支持對方的立場。如此你的需求就比較有機會獲得滿足。

在接下來的例子中，我們將會看到，溝通時沒有表達完整訊息會有什麼問題。採用了完整訊息後，會有什麼改善？

莎莉與潔西是室友也是最好的朋友。早上她們吵了一架，莎莉氣忿地大罵對方，潔西的眼淚就掉下來。幸好，這兩人要出門去工作之前，有稍微和解了一下，但潔西依舊覺得很受傷，對莎莉所說的那些話心懷不滿。

莎莉結束一天的工作後回到家時，表現得異常安靜，潔西問她怎麼了，對方卻回答「沒事」，繼續她手邊的事情。潔西還在為早上發生的爭執感到受傷，所以她覺得莎莉不說話，應該也還在生氣。潔西覺得，莎莉保持冷戰的姿態，就是要顯示自己高高在上。其實潔西未使用完整訊息去表達關心：

潔西：妳怎麼了？

莎莉：沒事。

潔西：坦白說，從妳回到家開始，就一直把我當空氣，妳一定有事。我知道，妳今天早上道歉，說一切都沒事，其實不是真心。現在妳還在不高興。我實在受夠了，我又不會讀心術，怎麼知道妳在想什麼。我希望妳可以停止冷戰，像個大人一樣跟我交談。

拆解對話內容後，就知道潔西的表達哪裡有問題：

潔西：妳怎麼了？

莎莉：沒事。

潔西：坦白說，從妳回到家開始，就一直把我當空氣，妳一定有事。

在潔西的觀察下，自己「被當空氣」，但事實上只是猜測。莎莉是否真的忽視對方，有意圖保持冷戰，潔西不可能知道，只能透過觀察去猜想。「妳一定有事」

也是猜想與詮釋而已，但潔西肯定那是事實。「妳道歉不是真心的」以及「現在還在不高興」都是自以為事的猜測。

「我實在受夠了，我又不會讀心術，怎麼知道妳在想什麼。」潔西又把自己的想法加到對方身上。「我希望妳可以停止冷戰，像個大人一樣跟我交談。」除了想法，這次還夾帶批評，不過潔西以為這是要求。她以為莎莉正在進行冷戰，所以一言一語都在指責她。

只要改用完整訊息，溝通就會順暢許多：

潔西：妳怎麼了？

莎莉：沒事。

潔西：從妳回到家開始，都沒有對我說一句話（觀察），我忍不住懷疑，妳是否仍然對今天早上發生的爭執感到不高興（想法）。我很在乎妳，也想知道妳還沒說的事情（感受）。老實說，雖然妳道歉了，也承認妳誤會我了，但我還是擔心妳會再次對我發脾氣，所以我心情還是很低落（感受）。我真的想要好好談論這件事，把彼此的心結打開（需求）。

完整訊息的最大好處在於，衝突與壓力出現時，它可以有效降低防禦感。只要了解到，我們的想法與感受都是出於對現況的詮釋，也都有自己的體會，這樣我們就能創造互相認同與肯定的氣氛。

使用完整訊息，就能改善溝通過程。只要不斷練習，假以時日，它就可以變成不加思索的習慣。這有點像是在學習新語言，剛開始你必須努力，徹底弄清楚自己想說甚麼，在對話中還會結結巴巴。但日子一久，你就能運用自如，善用這種思考工具。使用完整訊息去思考，就能用更客觀、更慈愛與更有反省力的角度去看事情。之後你就懂得如何支持自己，並發現對方沒有自信之處。

為了幫助你熟練這套工具、看清楚衝突的根源，在你準備跟對方表達前，請先寫下你的完整訊息。你可以自己發明表格，也可以應用附件三跟附件四的衝突連鎖練習題與衝突連鎖圖表。在與對方討論之前，你可以寫下完整訊息給對方看，也可以大聲朗讀它。

訊息要直接又清晰

表達要有效，訊息就要直接。許多人並不善於理解言外之意，所以陳述時必須直截了當，不可假定對方懂得自己的暗示，這並不公平，溝通的後果也會很糟。妳覺得的丈夫花太多時間在工作，所以說出諷刺的話：「海倫運氣真好，老公都不需要出差。」其實你可以真誠地說：「我很想你，但你最近太忙了，我好希望整個週末都是我們兩人的甜蜜時光。」與其抱怨說：「有時我感覺大家好像各過各的，不關心別人。」你可以發出請求：「我真的希望能夠跟你聊聊最近生活裡的一些事情。」

此外，訊息也要夠清晰。與其說「我覺得不舒服」，不如清楚表達「我感到受傷與生氣」。同時，我們說出的話跟自己的身體語言要保持一致性。身體總是在傳達訊息，與我們說出的話有矛盾時，聆聽者就會難以判斷情況。不要帶著難過的表情說出「我很好」，也不要帶著微笑說出「我很抱歉」，不要在你打呵欠的時候說「你的觀點很有趣」。身體語言跟嘴巴說出的不一致，聆聽者會感到不被信任，還會被混亂的訊息給誤導。

一次只討論一個議題，簡化討論過程

溝通某個問題或化解衝突時，最佳作法是每次只聚焦於一個議題。前面一章談到，衝突像是汽車輪胎一樣，煞車有很多種，但卻只有一個輪軸。所以討論複雜的議題時，最好縮短時間，三十分鐘最為理想，超過一小時的對話就很難有建設性。會討論那麼久，就是因為講不清楚，再講下去只會更加複雜，衍生出新的問題。

為了確保不離題，也不會超時，所以最好事先把問題整理出來。否則開始對話後，就會越講越不開心，又無法當下解決問題。因此，最好花一點時間去釐清自己的真實感受以及需求。否則我們只會把對方當成出氣筒，就像拳擊手在打沙包一樣，要對方承擔我們的感受。這當然會讓局面更難收拾。

沒有整理好自己的想法與感覺，還利用對方來幫助我們進行釐清，那討論過程一定會傷害到對方。想到什麼就脫口而出，一定會不小心就會流露出自己的恐懼或敏感的情緒，說出內心念茲在茲的事情。這時說出的話，不僅自己會後悔，對方也會疲於應付。

有效表達的小祕訣

以下這些指導原則，有助於完成有效表達。

*說話多談「我」而非「你」，以清楚顯示出你的個人想法與感受，傳達最真

實的心聲。這類語句比較能表達自己想法，而不是毫無建設性地責怪對方。所以我們可以說「我好生氣」，而不是「你讓我感到生氣」。我們的感受不是他人造成的，應該對事不對人。

＊盡可能避免使用「應該」，聽起來就像在批判、斥責與控制。與其說「你應該深思熟慮」，不如說「你是否想過另一種辦法」、「你覺得嘗試B方案是否有幫助」、或是「如果我是你，我會用這種作法」。

＊用「而且」取代「但是」。說「但是」，好像在抹滅或否定前一句話。我們常說：「你炒的菜很好吃，但是希望下次你鹽巴放少一點。」也許這樣說比較溫和：「你炒的菜很好吃，而且我希望下次能吃到清淡一點的版本。」

＊把焦點放在解決問題。在談論重要的事物時，例如難以化解的衝突，我們經常無法聚焦於問題的解法，而是花時間去檢討誰做錯了、對方不應該這麼做。我們應該把時間用在肯定彼此，以及討論下一個步驟。聚焦的優點在於，我們就不會一直在挑毛病，找出哪些讓彼此痛苦的事物。只在意枝微末節的事情，最後就會陷入絕望的心情。我們總是會懷抱著期待而行動，但擔心太多就會綁手綁腳，所以最好把焦點放在如何解決問題。

＊提供建議時，不要期待對方要照著做，不然就像是在控制對方。分享意見是快樂的事，不需附帶條件。可惜的是，我們總是在抱怨，有些人「只是問辛酸的」，尋求意見卻完全不參考。這樣的抱怨不盡公允。就算對方不回應，你還是可以保有自己的想法與感受，不需要對方認同。

＊專注於你所希望培養的特質。在佛教的觀念中，每個人心中都有貪婪、仇恨與慾望的種子，也有愛、同情與慈悲的種子。我們的任務就是把肥料放在對的種子。希望對方更具有慈悲心，就必須去培養他們的溫柔與善心。

＊增強你的「情緒智慧」，就能掌握自己當下的心情，有效表達意見。[4]

有效聆聽

事實上，懂得談話智慧的人，一定也很擅長聆聽。遇到完美的聆聽者，就會覺得心聲有人聽到，有人看重自己，就會覺得有價值感。對方秉持著慈愛的精神，我們就會有安全感，知道自己不會被批判，因而感到獲得認同感與自主權，也體會到自己的重要性。我們知道，自己可以擺脫拘束，表現出最真實的自我。

我們受到鼓舞，去探索與展現自己的真實面貌。沒有人會逼我們做出結論，所以我們可以不斷自我探索，從新的視角去看待所處的情境。事實上，面對困難的情況時，光是有人聽自己說話，就能讓我們敞開心胸，消解我們的防衛心。只要有人聆聽，許多問題都能解決。

可惜的是，優秀的聆聽者相當稀少。大多數的人都渴望獲得傾聽大師的關注，只要能找到一對有同情心的耳朵，就會沉醉在其中。不知不覺，我們就會說出隱藏很久的個人祕密，甚至欲罷不能、難以收手。

在有效聆聽的過程中，我們活在當下，不會留戀在過去或未來之事，也不會希望逃離現實、活在另一個時空當中。對方說話時，我們也不會醞釀等一下要說的話。總結起來，要練習有效聆聽，就要秉持「三C原則」：慈愛（compassion）、好奇心（curiosity）與勇氣（courage），聽者與講者因此都能更關注於當下。

在無效的聆聽過程中，聽者與講者都浪費了寶貴的精力與時間。講者會變成自戀的討厭鬼，只關心自己的生活，無法把注意力放在對方身上，還會出現意料之外的問題，讓自己措手不及。[5]在許多關係快結束時，有一方會感到震驚與極度不安，就是因為當初沒有當個好聽眾，忽視了對方所表達的不快樂與需求。

在無效的聆聽過程中，連結感與親密會感慢慢消失。對方會覺得自己在你心裡並不重要，所以才沒有把注意力放在他們身上。他們發現，再怎麼重要的事情，聽者就是不感興趣、不想傾聽。他們感受不到尊重，就不會再說出心裡的話了。

有效聆聽由兩項要素所組成：慈愛見證（Compassionate Witnessing）與積極聆聽（Active Listening）。

慈愛見證

慈愛見證是一種溝通方式：認可對方的立場，帶著關心與同理，不帶批評地聆聽，並努力理解對方的立場。[6]過程中，我們不是為了證明自己是對的、在爭執中獲勝或是處理問題。我們只是想理解對方的真實感受，表達出「理解、同理並且關心」的態度。

有人打從心底理解自己，是一件幸福的事。在世界各個角落，在絕大多數人的生活中，都欠缺這種幸福感。我們都會覺得自己沒有存在感，而為了被他人接受，必須剝掉一部分真實的自我。感到受傷、羞愧或害怕時，我們就得把話吞進肚子裡，戴著假面具生活，即便在面對自我時，也無法過得自在。

因此，身邊有人是慈愛見證者，是種幸福。而有人願意與我們分享脆弱的一面，更是我們的榮幸。對方相信我們是正直的人，這是一種無上的肯定。

慈愛見證可以改善人際關係，也可改善生活與整個世界。各種層次都可以練習慈愛見證，不管是對自己或他人，或是對群體、文化、動物與環境。成為自己的慈愛見證者，就可以加深與自我的連結，更坦率面對自己，減少羞愧的感覺。

對世界練習慈愛見證，就會同情那些受苦的人們，進而創造出互相關懷而有愛的環境。事實上，正是因為大眾無法面對痛苦的現實，才會容許集體暴行不斷發生。而在歷史上成功的社會改革背後，都是因為有一群人見證世人的苦痛，並鼓勵大家一起行動。

不只「聽」，更要「積極聆聽」

積極聆聽包含以下四項組成要素：專注的身體語言、反覆確認對方說法、提出自己的理解、意見回饋。

交談時，保持雙手張開、不打呵欠、不用手掌遮住你的臉、身體面向說話者並且稍微向前傾。有時可以專注看著對方眼神，但有些人會覺得不自在，無法專心聆聽，而且在某些文化中，眼神交會是無禮的舉動。在大部分社會中，看著對方眼神代表自己有專注在聆聽。如果你無法與人四目相對，溝通前可以提醒對方，他們才不會以為你對交談內容不感興趣。

反覆確認對方說法，清楚要求對方提供更多資訊，以免誤解對方的意思。這樣也能顯示出你有在專心聆聽。比如說朋友在抱怨家人都不重視他，那你要問清楚，家人指的是父母、手足或是其他近親。

確認訊息後，我們再提出自己的理解，以自己的語彙去統整對方說出的內容，然後再確認理解是否有問題。反覆確認對方的說法與自己的理解，對彼此都有幫助。有朋友跟你說，他姊姊跟別人說自己的弟弟很沒同情心，他知道之後，覺得既驚訝又受傷。這時你可以反覆確認，他的姊姊是在哪種情況下說的，又是說給誰聽，而他是從那裡獲得這些訊息。確認你的理解沒問題，溝通就能更加順暢。

確認狀況後，你就能回饋意見，分享自己的想法、感受。對方若需要你的建議，你也可以抒發己見。但前提是，你已經落實慈愛見證，完整聆聽與理解對方的敘事，否則對方絕不會願意接受意見回饋。當你跟朋友討論先前的爭執時，可以這麼表示：「謝謝你跟我說實話，很高興你如此信任我，對我敞開心胸。坦白說，我覺得有點委屈，你以為我在指責你，但我沒有那個意思。我不知道如何改善我們的關係，但我還是希望可以有所調整。我需要一點時間思考你所說出的話。今晚找個時間討論一下好嗎？」

完成積極聆聽，才能達成有效聆聽。對方正在說話時，單純保持安靜還不夠。不適時做出回應，就表示你沒有真的聽進去，或是不真的關心對方，所以才沒有想法。在這兩種情況下，對方都會感到被忽視、受傷與憤恨，下次就不會再跟你敞開心胸聊天。

不是每種溝通情境，都必須去完整執行積極聆聽的四項要素。但只要有人跟我們說話，我們就有責任表現出專心的態度。沒有人能知道我們是否有專心在聽。不論是對於伴侶、員工或者是公車上的陌生人，我們都不應該期待他有讀心術，那樣一點都不公平。所以我們應該表現出聆聽的樣子，對方才能知道，即便對方沒有要求我們要完整回應。但至少，我們應該適當地發出聲音，如「嗯哼」或「是的，我了解」，讓對方知道我們有在專心聽。

談話之後完全保持沉默，對方難免會覺得我們沒有禮貌、態度輕蔑，或是對談話不感興趣。理想上，我們回應時要符合談話時的情境與氣氛。有朋友興奮地跟你說，他終於考上公職人員了，你卻以平淡的語氣說「噢，那很好」，他大概會覺得你不是很想跟他分享喜訊。同事向你訴說一段痛苦的分手，而你卻說「恭喜你恢復單身」，對方一定會覺得你沒有同情心。

仔細觀察有哪些因素阻礙你聆聽，在哪些情境下你會無法有效聆聽。[7]吵雜的環境、太多讓人分心的事物勢必會影響你們的溝通。此外，時間、對象、主題，也都會影響有效聆聽的流暢程度。找出彼此的障礙因素，就可以好好安排對話空間，這樣就可以避免對話變得傷人、沒有建設性。

情緒激動時如何溝通

情緒高漲時，更能考驗有效溝通的能力，有時彼此在這種情況下還能說出真心話。學習一些原則，能夠幫助你在容易挑起爭端的氣氛下好好溝通。

最理想的方法是，在你情緒快到臨界點、會妨礙你好好溝通之前，先弄清自己的感受。練習關注當下，就可以學會覺察你的內在感受，才不會被強烈情緒搞得措手不及。

發現情緒被觸發時，你可以直接告知對方。心理學家康柏爾與葛雷建議可以這麼說，「你剛剛說的話，我感覺等一下會越想越生氣」，或是「我情緒快要爆發了」。

[8]坦白表達你當下的心情，有助於自我覺察，與內在觀察者保持連結。對方也可以得到重要的訊息，他知道自己碰觸到你脆弱的一面，態度就會謹慎，避免碰觸到你的敏感神經。

描述心情時，你可以運用「次人格」的概念。所以我們可以說，「我心裡的暴君對你非常不爽」，以顯示出對方惹怒自己在意的某件事，但不是打從心底永遠把他當成仇人。通常來說，不論我們多麼生氣，總是可以喚醒較深層的自我，關注當下就好。如果你一怒之下，說「我感到非常不爽」或是「我氣炸了」，那對方就會覺得受到威脅，認為你情緒已經失控了。

發現對方的情緒有被觸發的跡象時，或是他們直接表達出來，那你就得盡量去安撫對方。情緒有波動時，人一定會感到不安，變得較不理性，只想趕快退回安全地帶。每個人的個性中都有脆弱與不成熟的一面，需要被同情與理解。所以我們可以再三保證，自己與對方站在同一陣線，直接表達關心之意，才能恢復他們內心的安全感。你也可以詢問對方，有哪些事情可以幫助他們更安心，也許他們也不太清楚自己的需求，但看到你正想辦法照顧他們，現狀就會大大改善。

最後，記得找出何時該終止對話。如果你感到再也無法同理對方的立場，對他的想法不再有同情心與好奇心，那最好停止對話。在對話過程中，如果你覺得不受尊重，但對方不肯改變態度，那也最好停止對話。你可以提出要求，暫時停止對話，之後再重新討論。不過，你要說清楚這是暫時的，你希望在不久的未來可以繼續討論。否則，對方會感到被遺棄，失去安全感與信任感。重啟對話後，你發現心情還是很煩，所以討論沒有焦點，那就可以再暫停對話。不過，雙方不可藉故避免談論敏感的議題，否則問題永遠也無法解決。

與自己的對話，也是種溝通

與自己對話時，也可以不斷練習有效溝通的原則。不論處於哪種情況，我們都會與自己對話，但絕不容許他人用同樣的話來說自己。要改善你的自我對話，提升自我價值感，有個簡單又有效的方式：多留意你的內在對話，並重新建構它，讓它能帶來能量而不是羞愧感。[9]

設定鬧鐘，提醒自己在一天之中進行幾次自我對話。在那段時間，暫停手邊事物，試著問問自己：

*正在對自己說些什麼？
*說話的態度是否親切，如同講給自己最關心的人聽？
*對話是否帶著慈愛與好奇心，抑或滿是批評又令人羞愧的話？
*是否獨斷地在判定實際情況，指稱自己的想法與感受都是錯的？

在關係中練習有效溝通，就是在認可對方的立場、鼓勵對方，以加強彼此的安全感與連結感。對自己練習有效溝通，就是學習用更客觀的方式去思考，用更慈愛的精神去感受自己的所有經驗。因此，有效溝通有助於改善關係以及生活，讓各領域的工作更上一層樓。

第9章 要改變關係，先學會接納真實的自己與對方

在一段糟糕的人際關係中，對方的相處或表現方式破壞了我們的安全感與連結感。他們的行事作風不符合我們的期待與需求，導致這段關係非常脆弱。這時就得面對一個重要但卻難以回答的問題：就算對方能夠改變，但我們有權利提出要求嗎？如果改變牽涉到關鍵的生活態度與生活型態，自己就難免會懷疑，究竟可以要求對方改變多少？這些改變是否可行，對雙方是否公平？要以何種方式才能達成目標，又不會破壞兩人原本穩定的關係。

不論你是在處理什麼樣的差異，如果你不希望結束這段人際關係，你擁有兩種選擇。你可以接納差異，不再期待對方有所改變。或者，你可以面對事實，接納對

方的真實樣貌，但仍要求對方改變。不論哪種情況，首先要考慮到的便是接納。唯一的問題在於，為了延續關係，是做到接納就好，還是得有所改變。

想建立長長久久的關係，最後一個步驟就是掌握接納的原則，提出有效的要求，達成欲改變的目標。體會到這些過程後，你便可以開始練習寧靜禱文，掌握它要傳達的智慧：「神啊，求你賜給我平靜的心，去接納我無法改變的事，賜給我勇氣，去做我能改變的事，賜給我智慧，去分辨這兩者的不同。」[1]

接納實際樣貌

近年來有心理學家提出新的理論架構，去幫助我們達成個人與人際關係的成長，它稱為接納與承諾療法（Acceptance and Commitment Therapy，ACT）。[2]接納療法奠基於佛教的教誨「如實正觀」，它是自我成長、追求幸福的必要條件。在人際關係中，我們不必艱苦地對抗差異，而是在嘗試改變前，設法接納它。

接納的相反態度就是拒絕。批評對方的感受是錯的，認定事物的實際樣貌不應如此，並且要求改變，便是處於拒絕心態。態度轉為接納後，就能接受，已發生的事情無法回頭，接著去決定我們的下一步。你感到害怕和恐懼，認定它是壞事或錯的。你拒絕流露恐懼的心情，試著想躲開它，這些策略通常不會奏效。你可以改變作法，不帶任何評批，觀察自己的恐懼感受，試著接納它就是你當下的狀態。你可以用慈愛見證的方法來安撫自己，在當下減低恐懼感，久而久之，將來碰到類似的情況就比較能調適。

接納不代表要容忍無禮的行為，或是態度變消極。它只是意味著，無論你是否想改變現實情況，都不需要過度反應或是嚴加批評。接納不等於容忍，那也是一種拒絕態度，因為你決定與它共存，內心卻不斷在抱怨。

接納是一種選擇，有意識地決定不批評現況，也不會對眼前事物抱過度的期望。否認現狀，就會覺得自己是受害者，把問題歸咎於外在環境，進而帶來更多問題，包括沮喪與人際衝突。聽起來有點矛盾，但唯有停止否認現實，才能開始周全地做出選擇，採取積極作為。

完成接納才能邁向改變

關係要改變，接納是不可或缺的第一步。原因有幾點，抱持著接納態度，有助於分辨清楚，真正需要改變的事情有哪些。有時，面對令人困惱的現實狀況，只要勇於接受，就會發現，事實上它根本不需要有任何改變。你可以在人際關係中實驗看看，允許自己去接納原本希望有所改變的事態。想像一下，自己與這件事情一起共存於世界。現實也許不盡理想，但至少讓人感到自在，產生安全感與連結感。

舉例來說，你已成年的兒子是個戶外玩家。你經常感到生氣，因為他的種種行為讓你時時刻刻都要擔心。你試圖要他改變，尤其現在他有了孩子，應該負起當爸爸的責任。但他認為你保護過度了；他從未嚴重受傷，也知道如何照顧自己。

某個週末過後他來拜訪你。前兩天他才與好友們沿著陡峭山路騎乘越野車。他常在拜訪你之前去騎車，因為你家就在那座山附近。你可以說聲哈囉，試著對他微笑、擁抱他。看到他上門，你應該感到開心，不必像往常一樣大發雷霆。因為你已經理解到，自己應該拋棄成見與批評，不用再告訴他要如何生活。

你的心胸漸漸打開，內心感到舒暢，因為你能接納那些從前難以接受的事物。這時你應該自豪，原來這一切並不難，你能夠接受不盡理想的現狀。

要求對方改變前，必須先接納現狀。因為對方若沒有感受到被接納，一定會拒絕改變。有時他就算有改變的意願，但只要感到不被接納，就會刻意採取反抗的態度，依然故我。尤其如果我們提出的要求跟道德有關，對方就會更加抵抗。無論他是否有說出口，但心裡一定覺得：「既然你如此譴責我，那我就更不想改變。」

要求對方改變的同時，讓他帶有罪惡感，這種作法既不尊重人也沒有效果。事實上，那只會增強對方的防禦心，更不願意跨出改變的步伐。每個人都需要獲得接納，也應該以本有的樣貌獲得認同。體認這一事實非常重要，即便彼此的差異之處讓你無法產生安全感與連結感，所以選擇不繼續與他維持關係。

在要求改變之前也一定要先練習接納，這樣才能展現我們的同情心與尊重態度。即便你知道自己不喜歡彼此的差異處，但認清現實、接納差異的存在，可讓你提出改變的要求時，不會夾帶著批評之意。這時你所表達的是：「我接受事實以及你的實際樣貌，即使我對它們感到不自在，還是能和平共處。」在改變的過程中，接納能夠讓彼此都更坦然面對。

最後再提醒，要求對方改變前，一定要先能接納對方。有時，光是接納便足以帶來我們所期待的改變。人們不再感到被批評，通常才比較願意做出改變。[3]

原諒對彼此都比較好

原諒就是一種接納：對於已經發生的事情，我們願意把它留在過去。不過，這不意味著縱容錯誤，也不代表自己不再感到受傷。不過，就算對方不提出辯解、自己依舊感到難過，我們還是可以原諒對方。當然，原諒也並非意味著遺忘。

原諒是有意識地放下怨恨，不再感到憤怒。在要求改變之前，試著原諒對方過去的傷害，對彼此都比較好。你內心的怨恨越少，對方就越能敞開心胸、卸下防禦心，並願意嘗試改變。一直憤恨不平，自己也會受到蒙蔽，搞不清楚需要對方做出哪些改變。

報復的念頭總是跟著憤恨而來，為了懲罰對方，就會藉故要對方改變。舉例來說，你希望母親不要再幫你做飯，因為她總是忘記要準備熱量低的食物，而你也說過很多次，那會影響你的減肥計畫。她承諾今天開始會更加注意，但你斷然拒絕她的提議，因為你內心憤恨難平。你心知肚明，對她來說幫你做飯是多麼重要的事，但你拒絕她，就是故意不讓她為你做其他的事情。她讓你感到難受，你也想讓她不好過。[4]

發自內心才能徹底改變

在提出改變要求之前，理解對方拒絕的理由，對彼此都有幫助。[5] 這麼一來，才可以移除溝通的障礙，朝理想的關係前進。否則，不管是提出要求的人或是被要求的人，都不願意改變現況。

我們拒絕改變，是因為總是認為，提出要求的人既不理解又不尊重我們的處境。因此，一定得試著去理解，對方怎麼看待你所提出的要求，為何他有那樣的作法。此外，也要想想，改變後他們會遇到哪些阻礙？哪部分對他們來說最難改變？他們需要什麼協助，對他們來說有哪些可行的辦法？

換言之，我們一方面提出要求，也要盡己所能去理解對方的困難之處，不能單純從自己的生活方式或成功經驗，就認定對方應該可以輕而易舉就做出改變。

對大多數人來說，親身體會到有人理解與關心，才會敞開心胸接受建議。因為，只有真誠理解對方立場，討論問題時才不會帶有譴責的意味。

所以我們要想想，自己所提出的要求，對方是否會覺得太過分？也要回頭想想，在自己的生命經歷中，曾做過哪些艱困的改變去轉化人生。此外，有些事情我們明知道對自己不好，也不符合自己的價值觀，然而我們也從未想改變。如果你所提出的要求自己已經達成，那麼就回想一下，在改變之前你怎麼看待那項要求。這麼一來你就能體會對方的難處了。

改變不會帶來好處，那我們就找不到好理由去改變。因為有壓力、怕受到指責，或是為了避免衝突以及維持和諧，那就不太可能敞開心胸、心服口服地接受建議，徹底地改變自己。

經營人際關係不是做生意

許多人拒絕改變，是因為誤解了改變以及關係的本質。有些人都以為，關係一旦建立就是牢固又穩定，彼此都不應有重大改變，就像做生意一樣，相處方式只要有任何調整，都是違背最初的協議：「你現在變了，我們開始交往時你不是這個樣子；我當初所簽署的合約不是這樣。」然而，身心健全的人都會改變與成長，人際關係也是如此。這一點大多數人都能理解，畢竟人們都不希望自己的另一半過了二十年之後，還跟大學時一樣青澀稚嫩。

在長久而穩定的關係中，只要雙方有在互動，就會不斷要求改變：

「拜託你，不要再將衣服隨便丟在客廳！我實在不想一直跟在你的屁股後面收拾。」

「每次你在我上班時打擾我，都讓我心煩意亂、難以專注回到手上的事。除非有重要事情，麻煩你不要在白天打電話給我，可以嗎？」

「我一定要預先規畫好一週的行程。因此，我們應該在每週日排好行事曆，這樣我才能知道往後幾日要做什麼。」

相處的日子久了，彼此的需求會改變，難免會互相提出要求。體認到這一點，我們就比較不會抗拒改變，也能以輕鬆的態度討論相處上的問題，才不會到最後只是在敷衍對方或是討價還價。不過，當然有些要求比較嚴重，需要繁複的討論，但相處時有問題就拿出來討論，不僅是正常的互動，也才能維持健康的關係。

「愛我不然就離開我，別試著改變我！」

我們總是深信自己不用改變，相處模式也不用調整。這種迷思在愛情中特別明顯，人們總認為，相愛的前提是無條件接受彼此所有的習慣，所以絕不可以期待、要求對方有所改變。前面提到，我們應該接納對方的實際樣貌，但不代表我們有理由接納對方的「所有行為」。

每個人都是獨特的，生活方式不同，需求也不同，相處上要融洽，就一定得調整許多日常習慣，除此之外沒有任何可行的作法。必須時常溝通，找出交集點或是有衝突的部分，如此方能適當地自我調整，以維持雙方的安全感與快樂生活。若有一方暗示自己想要對方改變，那必然會收到這句亙古不變的回答：「這就是我的真實樣貌。愛我不然就離開我！」許多人都無法理解，被愛的人也應該被要求、適當自我調整。

一方改變了，另一個人也要做出調整

我們也常認為，改變的那個人應該承擔責任，接受與解決新的分歧點：「改變的人是你不是我，你不應該期望我採用不同的作法。」為了維繫感情，雙方都必須討論彼此需要做出哪些調整。不過，我們不應該把問題丟給對方：「你必須自己解決新出現的矛盾。」這絕對行不通。彼此都是夥伴，不論何時，每當對方表達需求，無論之前他是否提過，只要不會違背我們的人格，我們就有責任去傾聽，並盡力去滿足。[6]

出於自尊而抗拒改變

我們拒絕改變，也是因為深信，不管對方提出任何要求，除非自己想通，否則絕不願意改變。換言之，我們認定自己不應該受對方所影響，尤其是伴侶。因此，在伴侶關係中，常常聽到有人用不以為然的口氣說，只是為了配合對方才勉強改變。如果是抽菸這類壞習慣，當然大家會認為理所當然要改。但如果是改掉一般的興趣或好習慣，例如參加自我成長課程，旁人就會說是為愛犧牲。

因此，人們會拒絕改變，常常只是因為擔心被旁人看成是弱者，彷彿缺乏個人的想法與意願。男性特別會擔心這種批評。畢竟社會不斷教導男性，從小就要懂得抗拒女性所帶來的影響，那不僅有損男性尊嚴，還會破壞人際關係。不過性別研究專家早已發現，接受伴侶所帶來的影響，男性反而會有更多圓滿、有韌性的人際關係。[7]

改變不代表被控制

有時，我們拒絕改變，是因為認為那等於是受到控制。如果對方用命令的口吻，一定會產生壓迫感，當然就是想控制我們。不過對有些人來說，面對一些很基本的要求，就會覺得有壓力。

有些人對於受控制特別敏感，所以只要對方提出要求，就會覺得有壓力。這時，我們可以一起討論，彼此有需求時，該用什麼方式表達，又該如何回應。不論對方是否對控制很敏感，只要能夠互相影響，關係就能走得長長久久。

有的人是因為受到社會的既有觀念影響，容易覺得被控制。我們談過，有些優勢群體（如男性）會認為，任何弱勢群體（例如女性）所提出的要求，都是命令。那當然不是事實，但只要有人挑戰他們的權威，他們都會當成有人要控制自己。[8]

改變所帶來的不安

要改變現況，我們就得發揮應變能力，努力跨出舒適圈。但要打破舊習慣，得付出許多努力，包括重新整調自己的身心運作方式，以不同的方式去思考、做事以及和感受事情。一旦你下定決心要進行低醣飲食計畫，在心理與生理上就會面臨各種誘惑，看到他人在享受高熱量的甜食和油炸食物時，心情會更加低落。

人們會抗拒改變，是因為新的生活方式比較辛苦，目前的生活模式比較舒適輕鬆。[9]相反地，如果有人意識到自己的成癮行為已經影響到自己的財務、人際關係以及工作，那他就一定會想辦法戒除。許多沉迷賭博的人之所以難以自拔，是因為金錢遊戲帶給他們的滿足感，遠遠超過輸掉的人事物。[10]唯有到達臨界點，輸到負債累累時，才知道要浪子回頭。畢竟再繼續賭下去，只會往下沉淪，相較之下，戒賭的無奈還比較可以忍受。

一步一步從小事改變，就不會擔心無法預料的後果

大多數行為都是為了讓自己感到安心才去做的。人們拒絕改變，就是因為害怕有不能預料的後果。所以要開始改變時，我們必須感受到足夠的安心感，才能在生活中逐步落實。

有時我們不願改變，就是害怕會失敗，擔心自己欠缺足夠的能力與意志力去貫徹到底。因此，提出改變的要求時，一定要確認它確實可行，才會有成效。你希望伴侶變得有條理一點，能及時繳清帳單、讓物品保持整齊，那麼就可以建議對方，一步一步來，一次只改變一個習慣。他可以先留意水電的繳費單，再來多留意信用卡帳單；先把衣物整理好，再來整理書櫃。

有些人害怕改變，是因為擔心在關係中失去自我或是連結感。有的人擔心自己戒酒後，朋友就不再喜歡他、不再找他聚餐聊天。他還擔心朋友會笑他不夠Man，難道要出家當和尚嗎？以後會不會被朋友們排擠？

有些人害怕改變，是因為怕產生「滑坡效應」。他們會懷疑，一旦自己開始改變，會不會沒完沒了，對方就會對自己有過多的期待。他們也會怕對自己施加太多壓力，被逼著要跨出舒適圈，放棄原來正常的生活。改變的項目若不切實際，難以持續又無法讓人感到安心，那當然對任何人都沒好處。但只要當事人努力於維持覺察，在精神上能自給自足，就不會擔心改變有什麼不良後果。

培養友善的氣氛，改變就沒壓力

人大多不會改變，除非自己有心理準備，所以我們無法強迫任何人產生改變的意願，包括自己，就像我們無法勉強身體痊癒。不過，我們可以做些事情以加速復原，如服用維他命、充分休息，或者是打造出有益健康的環境。[11]當我們對某人有期待時，先培養友善的氣氛，然後確定改變是合理的，再以適當的方式提出要求。

不要期待對方改變價值觀、個性與生活態度

為了彼此的福祉，先維繫關係的安全感與連結感，才能提出重大的改變要求，包括生活型態。不論提出的要求有多微小，也要保持尊重的態度。一定要顧慮到對

方的福祉，才是合情合理的要求。

在尊重的前提下，我們提出要求，希望對方行為上有所改變，但絕不可以讓對方違背他的誠實與正直。同時，也得讓對方覺得，改變對他們有好處，是值得追求的目標。對某些人來說，滿足家人或伴侶的需求，以維護彼此的安全感與連結感，就是改變自己的動力。但為了避免半途而廢，當事人一定要找到一兩個對自己有益的好理由。

要求對方改變價值觀、個性或生活態度，既不尊重人，也不合理。這些特質是每個人的人格核心，況且價值觀與個性大多難以改變。有些人情感上比較敏感，那是根深蒂固的性格，非常難以改變，甚至一輩子都是這樣，但外在行為可以稍微調整。生活態度是可以調整的，我們也難免期待對方改變作風，但這種要求其實不大尊重人，也不合理。態度是這個人最真實的一面，是獨一無二的特質。就算他心胸狹窄，講話總是很沒禮貌又傷人，但我們也只能要求他改變言行，但管不到他心裡怎麼想。

你希望伴侶能多關心社會議題，這等於是要改變個人的信念與感受。不過，你可以要求他行為上做些調整，也許態度就會改變了。你可以請你的朋友閱讀相關的書籍或觀看節目。即便如此，我們還是得接受，對方有權選擇要不要改變。每個人都受到過往經歷所影響，對生活態度會有自己的堅持。

成為彼此的神隊友

有一項要求很合理，也很尊重人，也是維持安全感與連結感的必要條件：要求對方成為你的隊友。站在同一陣線，他就會支持你的信念與生活方式，尊重你的自主權，就算他自己的觀念和目標與你不同。

不管是要成為工作場合或是家人的隊友，我們都要理解對方的感受與需求，否則就談不上支持，也談不上夥伴關係。要成為隊友，我們必須做到這三件事情：了解他的生活領域，替他加油打氣；傾聽他的生活大小事以及自我認同；做出某些事情讓對方感受到支持。

記住，若對方感到不安，違背他的誠實與正直，就不宜要求他成為隊友。要成為隊友，彼此要互相評量，才決定是否要站在同一陣線。從對方的角度去理解、體會這個世界，才有可能發展長久而穩定的關係。

不過，也只有在親密的家人或伴侶關係中，你才會想要求對方去深刻體會你的心境和想法，對一般的朋友或同事就不會有這種期待。但無論對誰，我們都可以要求他尊重你的真實樣貌以及價值觀。就像你在音樂圈已經小有成就，雖然父親始終無法理解你對搖滾樂的熱情，但他還是尊重你的生活方式與信念。

因此，關係要長久而穩定，關鍵就在於相互尊重，第一步就是先成為隊友。沒有試圖去理解對方的價值觀，忽視或輕蔑他們所看重的事物，就是不尊重對方。

與其要求對方改變信念或個性，不如期待他們成為隊友，這樣比較尊重人。畢竟他是否願意成為隊友，明顯跟你的福祉有關，也會對你造成直接影響。所以當你要求對方善待自己，他反而可以諒解，知道你有意見想表達，清楚哪些舉動會影響到你。相反地，你要求對方改變他的自我認知，他反而會覺得不受尊重。

在要求組隊之前，可以先指出，對方已經在許多方面支持自己。這麼一來，當你提出請求時，對方會認為你想要更關係更好，而不是相處上有問題。如果對方能約略知道何謂成功的隊友，他就比較會理解你的訴求重點在那。你提出要求時，可以分享你的心路歷程，他就會產生共鳴，並維持溝通管道順暢。你可以勇敢說出自己軟弱的那一面，包括擔心對方指責自己。

對方成為你生命中的隊友後，就會開始對彼此產生正面的影響，甚至你不再需要他改變信念或行為。在壓力減輕的情況下，他們搞不好會自己決定要改變。只要彼此關心，努力維繫連結感，在相處時發揮慈愛精神，就會產生令人驚喜的效果。

以正確而清楚的方式要求改變

要求對方有所改變，應秉持尊重的精神，以請求的口吻提出，而非下命令。請求包括提出自己的需求，而對方有拒絕的權利，不應受到懲罰或指責。對方若斷然拒絕，我們一定會不開心，甚至會想結束這段關係。雖然如此，我們還是會接受對方的真實樣貌，坦然面對他們的決定。相反地，不論是有意或無意，只要你用命令的口吻提出要求，對方就會覺得沒有考慮的空間，一旦他直接拒絕，你一定會覺得挫折感很重。

請求的內容要具體明白，而非模糊不清。舉例來說，你去朋友家吃飯時，想請對方的家人不要在室內抽菸，你應該直接表明需求，而不是間接地說「我呼吸道不太好」。

提出請求時，你應當解釋清楚，現狀對你造成哪些影響，以及對方為何需要改變。在適當時機下，你也應清楚表明，你的目的是想要增加連結感。舉例如下：

每次去你家聚餐時，你父親總是喜歡談論政治，你哥哥也常常抱怨教育體系有多失敗，學校只會浪費預算，還輕蔑地說老師薪水太高了。這些話題令讓我感到不舒服，也有被冒犯的感覺。

當下我只有想到，我班上的課桌椅跟教材都很老舊，因為學校預算不夠，但老師們還是一樣努力地教書，希望孩子可以學習到知識。我們付出這麼多，薪水卻非常微薄。

在你家我沒有受到尊重，你的家人明知道我認真投入於教學，卻依舊當著我的面說三道四。最糟的是，在我尷尬萬分的時刻，你還跟著他們一起大笑，彷彿我是隱形人。

我不禁覺得，你好像不是很在意我的感受。我內心退縮了，覺得跟你的距離越來越遠。我想要知道，你是否與我站在一起，能成為我的依靠。你是我生命中最重要的人，你的支持就是我生活的動力。

我需要你的鼓勵，並且理解、關心我的感受。面臨挑戰時，如果你站在我這邊，我就會覺得很安心。因此，我請求你做些什麼，讓我感到不焦慮，覺得兩人的關係還是很緊密的。

在提出要求的同時，你可以支持對方，在改變的過程中當個好隊友。你可以問問對方：「我能幫上什麼忙？我有沒有需要改進的地方，讓你也能得到助力。」這並不是談判，而是表達自己的支持。這麼一來，雙方就會覺得彼此在同一條船上，一起達到目標。

提出要求後，你也要承認，對方的需求只有他自己才懂，最後的決定權都在他手上。他們同意改變，一定是認為有充足、可行的理由。接受他們的決定，相信他們一舉一動都會努力考慮到自己的權益。

舉例來說，你做這麼多家事，你希望伴侶能多說些感謝的話。但後來你非常不滿，因為他只是在你的要求下才勉強配合、敷衍兩句。你當然會希望對方是真的心懷感激，說出肺腑之言。你的不滿情有可原，但你又不可能強迫對方欺騙自己，假裝心懷感激。

如果你的伴侶出於愛與尊重，真心願意改變，並且發現那對他自己有好處，那你就真的要謝天謝地。他就是你人生中的貴人，不但重視你的幸福與這段關係，也願意做出改變來支持你。的確，生活態度改變，行為就比較可能改變。常常練習感謝的話語，就會更懂得珍惜身邊的人事物，也就更能隨心表達感激之意。

改變是個漫長的過程，要有長期抗戰的準備

一旦決定要改變相處模式，為了避免彼此半途而廢，所以得先做好準備。首先，要發揮慈愛的精神，不可對改變有不切實際的期待。改變是個漫長的過程，而不是短暫的目標。彼此都需要時間，也難免會犯錯。在磨合的過程中，一定會有進有退，體會到這一點，就可以避免心裡有完美的期待，但最終落空。我們要有心理準備，改變失敗是正常的，也難以避免，但至少你可以放下不切實際的想法，避免給自己帶來挫折與失望的感覺。此外，你一定要時時關心自己與對方的感受，不可太過急迫。

改變的過程若困難重重，就要試著分析問題，找出癥結點。畢竟要達成目標，通常關鍵不是在於加強意志力，而是移除阻礙。過程一旦中斷或是發現停止的徵兆，就要趕快判定問題出在哪邊，想辦法解決。與其毫無頭緒地一再嘗試，不如找出障礙在哪，才能繼續往目標前進。

開始改變後，為何有人半途而廢，為何有人反悔？

不難預料，就算改變過程已經開始，彼此還是會有抗拒的心態。被迫要改變的人會覺得不愉快，提出要求的人也會反悔。要改變現狀，每個人都會有矛盾的心情，變得不知所措。我們不免自我懷疑，這樣改變對彼此都有益嗎？

許多重大的改變項目，都需要轉換原先扮演的角色才能達成，相當具有挑戰性。即便原先的角色並不適合我們，但一成形就難以脫離。不論多麼痛苦，我們總習慣依附在熟悉的人事物上頭。

有些伴侶比較能幹，會花好幾年的時間改變消極懶散的另一半。當對方真的開始改變時，能幹的伴侶就會提高標準。舉例來說，懶散的老公總算會去繳帳單、維持室內整潔，現在他得更上一層樓，負責採買與做飯。

我們多麼渴望他人有所改變，但對方達到目標後，我們反而會覺得受到威脅。兒女長大後，能幹的父母無法再凸顯自己的優越感，就會覺得失去權力與自我價值感。提高標準有時是合理的，但大多數情況下，是能幹的一方不想改變自己與對方的相處模式。所以，當我們沒有意識到自己的角色會產生哪些效用，就會不經意地退回到熟悉的相處模式，還拉著對方一起沉淪。

會有這種矛盾心態，多少是因為權力不平衡所造成的衝突感。大部分女性都希望先生也能平均分擔照顧孩子的責任，但又不想要打亂對方的生活節奏。因此，就算先生改變自己的上下班時間，好能每天送孩子去上學，太太也會後悔。她會打從心底告訴自己，先生這樣犧牲太多了，孩子還是讓她來接送就好。

通常像女性這樣的弱勢群體，都會覺得自己沒資格提出要求，不該得到應有的尊重，最終反而會自己退縮。一旦對方達成她們的要求，她們還會有嚴重的罪惡感，認為不該改變現狀。就是有這樣的矛盾心態，我們才會提出反反覆覆、模糊不清的要求，關係才會無法改善。

此外，改變一定是痛苦的，所以就會想半途而廢。許多人從小就認定，只要有不舒服的感覺，就代表過程有問題，一定要停止。那種想法當然不對，就像去參加長途的健行活動，雙腳難免會痠痛，但不代表我們走錯路了。痛苦不代表努力的方向錯了。要打破舊有的生活模式，一定會有焦慮與挫折感，這就是成長的代價。跨出舒適圈、變成更成熟的個體，都會經歷這個過程。

如果只有單方面在努力，不如結束關係

提出了改變要求後，但相處的情形仍舊不夠理想，你還是得不到足夠的安全感與連結感。有時是因為對方拒絕了你的要求。有時是你的要求無效，因為不管你怎麼表達，就是無法坦然地說出心裡話，再加上你們的互動模式不夠穩定，對方也沒有信心主動改變。又或許你所要求的改變已經達成，但在關係中依舊並未感到滿足，那該怎麼辦？

對方拒絕改變時，可以再次跟他討論。你也要自問，如果只要求對方改變一點點，自己能接受，或者就是接受對方真實的樣貌就好。如果這些選項你不能接受，那你應該需要想想，現在也許是個好時機，去考慮這段關係是否適合你。如果，你相處時再也無法表現出坦然的態度，又或者是對方已經做出改變，但你依舊感到不快樂，那就要更深入去探索，究竟是對方或自己，甚至整段關係都有問題？

評估一下，你在實踐本書所提出的各項原則時困難重重，是否都是對方行事風格的問題。若真是如此，你就要好好考慮一下，自己還能付出多大努力去維續這段關係。既然我們付出這麼多心力維持關係，那至少自己要得到相對的滿足感。對方

應該努力的部分，我們不應該幫他負擔，兩人都有責任維續關係，否則你們只是消極地互相依賴，而非有互動關係的夥伴。

你們可以想像兩人共乘一艘小船。你不斷往前划，朝著目標前進，氣力一天一天耗盡。你會擔心，如果自己先放下船槳，關係就會停滯不前。你努力想改善關係，但沒有你的提醒，對方就會依然故我，因此你負擔過重，再也撐不下去了。

可是你又擔心，如果生活中沒有對方，自己一定會很孤單；其實這段關係早就只剩你一個人了。如果你想確定彼此的互動有沒有對等，那你可以在幾天或幾週內只做好自己的本分，不用替對方著想，看看關係有什麼變化。有時你會意外發現，只要你停止單方面過度的付出，這段關係就會馬上結束。但假如你還無法放手，就要檢視自己的依附型態。你也許打從心底非常害怕失去關係，所以寧願與錯誤的對象糾纏不清，即使痛苦不堪也要撐下去。

如果兩人都不打算結束這段關係，而且你對自己和對方都還有信心，那該怎麼延續下去？如果對方真心想要成為你的好伴侶、好家人或好朋友，但就是不知該如何做，也無法下定決心，這又該怎麼辦？或者說，你明知道問題出在自己身上，但你無法做出必要的改變，那該怎麼辦？

在這些情況下，你可以考慮去跟心理諮商師談談。優秀的諮商師能幫助你釐清問題，找出有糾結的一方。如果問題有實際的解法，他就能幫助你。儘早尋求協助，不要拖延，越早開始探索問題，就更機會有效處理它。

此外，有時相處方式沒有問題，彼此也沒有犯錯，但關係還是生變，也沒辦法改善，那就是關係病菌造成的，它們包含憂鬱症[12]、焦慮症、注意力不足過動症[13]、創傷後壓力症[14]、成癮症[15]以及人格障礙等心理疾病。它們本質上就會破壞連結感，而且潛伏期長達數年之久，甚至是一輩子。如果你發現這些症狀對你或關係有嚴重的負面影響，值得去探究，那就應該去尋求專業人士的幫助。

除了個人的心理問題之外，兩人相處時的歧見也會中斷彼此的連結感。如果感情因此無法升溫，你就得想想自己能否接受現狀。或許你能退一步，找到和平的相處之道，否則繼續維持下也沒有意義，不如換個形式，比如從情人變成朋友，或是乾脆分道揚鑣。

勇敢走向愛情的盡頭

人死去的時候，總是帶著一生的記憶；分手的時候，也總會帶著感情。換言之，相處時一直保有慈愛的態度，就算關係無法繼續，還是能記得彼此的好。因為彼此關心而在一起，分開後兩人就還能做朋友。就算一開始兩人沒有展現太多的同理心，但隨時都可以開始練習。記住，每次互動都是一次練習，盡量表達內心真誠的想法。

不幸的是，結束伴侶關係時，大多數人都沒有處理好。就算是和平分手，也會有一方太難過，而無法同理對方的立場。此外，我們也不知道如何坦然地結束關係。我們最擅長的反而是在彼此最脆弱的時刻互相傷害。

想想看那些描述分手的用語，都不是很得體，比如「甩掉某人」（對方又不是垃圾），或是「我們玩完了」（又不是一場遊戲），還有「對方不再愛我了」（又不是所有關係註定不會變）。許多約會專家還會教我們一些不得體的方法：故意已讀不回、提出任性的要求，好讓自己的地位與權力高過對方。

因此，我們都應該學習坦然地結束伴侶關係。首先。一定要妥善顧好對方的安全感。分手時對方一定會感到嚴重不安，你得明白表示，自己會照顧對方的情緒，那麼他比較不會那麼難過，防禦心也不會太重。因此，你可以明白地提出保證，讓對方明了你的心意：「我不希望你難過，一定會讓你感到安心。」

此外，為了確保安心感，分手一定要雙方都同意才算數。除非你處於暴力或虐待關係中，否則不要單方面做出分手的決定。這麼重大的決定一定會影響對方的生活，所以不可一意孤行，否則就跟控制他沒兩樣，導致他精神受創。單方面宣布分手，等於獨自了結兩人共有的關係，完全不留給對方說話的餘地，也奪走他的自主權。所以許多人在戀愛中都有創傷，因為太在乎對方，也被他所傷害，一想到過去就痛苦不堪。

為了避免在分手時一意孤行，我有兩點建議。第一，如果你發現相處時彷彿有不快樂的感覺，可以儘早告訴伴侶，如此就能一起解決問題。他是這段關係中不可或缺的成員，有權利了解情況、一起參與改變的過程。就算最後不得不分手，也不會讓他感到措手不及、震驚不已，甚至造成嚴重的心理創傷。當然，你也可以逐步試著去修復這段關係。

第二，如果你覺得相處已經到了臨界點，希望結束這段關係，但伴侶卻不願放棄，那就要展開對話，試著找出雙方都能接受的分手方案。這過程需要好幾週的時間，但對彼此都好。在人生的重大過程中，只要擁有部分的決定權或發言權，心理創傷的程度就會減低。

每個人都需要在伴侶關係中受到重視，既然自己在對方心中沒有位子，那分手的確是最好的選擇。雖然對方心裡仍然放不下，但只要看清楚，繼續相處下去你會越來越痛苦，就會同意分手。畢竟，沒有人想要自己的伴侶受苦，那樣對自己也沒有好處。

一旦決定分手，接下來你們可以開始協議，如何在過程中讓彼此都安心。為了確保彼此的安全感，我們可以詢問對方的需求，並坦白說出自己害怕的事。此外，我們也都要想辦法緩和對方的情緒。這份協議必須合理，兩人也可以不時檢視它的有效性。舉例來說，你同意在三個月內先不與別人約會，而且在這段期間，不論何時，只要有一方提出需求，就得再次進行溝通。你們也可以試著分開一段時間，之後再重新討論是否真的要分手。

許多人會覺得，對於主動提出分手的人，這種協議既不合理也不公平。一旦關係結束，就應該沒有責任去照顧對方。但是，曾經是我們親密伴侶的人，現在陷入痛苦的情緒當中，分手緩衝期可說是減輕傷害最基本的辦法了。在文化長期的影響下，大家都把傷人的行為當作小事，所以當有人想付出一點努力保護對方脆弱的一面時，還會被當成怪人。

改變無可避免。不論你的期望如何，你自己以及身邊的人都不可能永遠不變。我們唯一能選擇的，不是改變與否，而是如何面對改變。願意接受改變，才能接納人生，而不是一味抵抗。透過行為展現自己的想法、關懷與勇氣，就有機會轉換角色，讓關係有各種發展的可能性。

結論

本書的涵蓋範圍相當廣泛，希望我提出的詳盡指引，有助於讀者建立長久而穩定的關係。讀者要吸收如此大量的資訊，當然是一大挑戰，很容易就會感到不知所措。

為了得到成效，我們得先體認到，人際關係是一種技能，需要時間發展，過程中也一定會犯錯。其實，這個過程就像在學習新語言一樣，除了以不同的方式去溝通和對話，也要培養「讀寫能力」，學會判讀訊息、傳達情感，以理解與實踐健康的互動方式。

我們通常不會期待，讀完一本外文小說之後，就精通熟練那種外語，即使書裡面充滿各種對話。你不可能記住讀過的所有內容，大腦也需要時間去吸收新的語彙與概念，去適應新的思考與表達方式。可想而知，你得持續地重複閱讀相關書籍，並反覆練習。

就像學習語言一樣，要活用、增強人際關係的技巧，是一輩子的功課，也必須在錯誤中前進。嘗試才會有成果，從錯誤中找到問題，以邁向更高階段的技巧，對關係也會有更深刻的理解。最重要的是，要記住教訓。抱持健康的心態、好奇心與慈愛的態度，把犯錯當作珍貴的禮物，用客觀的角度檢視自己的言行，不要太快下批判，就有助於自我成長。

因此，要保持耐心。想要建立長久而穩固的關係，完美主義是最大的阻礙。記住，只要小幅提升關係的「讀寫能力」，就能大大改善關係。

要展開這項學習之旅，必須先體悟到，自己只是社會的一分子，自身之外還有更大的世界。本書所提供的觀念與技巧，就是為了讓我們跳脫個人主義，從人與人的關係去思考和行動。一定要扭轉原本陳舊的觀念，才有助於改善個人生活，它對社會進步也至關重要。不論是國家領袖、單位負責人、媒體人、父母或是老師，都應該體會到穩定人際關係的好處，這樣才能影響更多人，讓大家都致力於以坦然的態度生活，並重視對方的尊嚴。那麼，不論是我們自己的生命品質或是世界的樣貌，都會越來越好。

因此，要對自己有信心，對自己的努力感到自豪。要深深體認到，一旦開始建立長久而穩定的人際關係，自己所踏出的每一步，都會促成美好的未來；無論是對自己或是身邊的人，甚至是整個世界，都會有貢獻。

謝詞

本書得以完成，要深深感謝許多人的支持。感謝Kathy Freston鼓勵我開始動筆，長久以來，她對我的支持不曾停歇。感謝團隊成員的關心以及辛勞，他們一直提供建議，幫助我建立基本架構，也持續不斷鼓勵我。感謝Pro Veg團隊讓世界變得更溫暖，尤其感謝Christina Galego、Craig Brierly、Ceri Flook、Tobias Leenaert、Dawn Moncrief以及Adrian Ramsay。

我還要特別感謝Flavia D'Erasmo，他支持我，也真誠地提出見解，讓我心靈更平靜、更有空間進行思考與寫作。非常感謝Nina Hengl，她幫助我順利完成初稿。感謝老朋友Gero Schomaker，他一同深入討論我的想法，幫我想出圖表的架構。感謝我前經紀人Patti Breitman再次支持我。感謝Susan Solomon歷久彌新的智慧與友情。感謝Beth Redwood努力製作出各種圖表。感謝Suzanne McCarthy提供的指引與洞見。感謝Susan Campbell的建議與鼓勵。感謝Joyce Hildebrand的專業編輯。感謝

Jim Greenbaum，若沒有他的支持，本書應該永遠無法寫完。

感謝Meghan Lowery的支持與友情伴我走完這段歷程。也要感謝Ari Nessel的大力支持，使我的團隊成員一直有靈感。他是關係議題與正念領域的專家，感謝他的努力。Lantern Books的Martin Rowe真誠地支持我的工作，感謝他致力於打造出有知識又有同理心的社會。感謝Roger Wolfson的周全思考、提議與指引。感謝我的編輯Anna Leinberger，她的洞見、支持與辛勤工作，讓我的創意源源不絕，還替這本書找到了完美的出版社。

感謝在Berrett-Koehler的多位同仁，很榮幸能再次與他們一同工作。感謝我的經紀人Marilyn Allen持續不斷的支持與指引。感謝Eric Robinson的關心。感謝Carl Schirren醫師，感謝他無微不至的關懷，讓我保持健康的身體，寫作時非常安心。感謝Bonnie以及Perry Norton在人生轉捩點上對我的信任，使我今天能夠撰寫本書。最後，若沒有我先生Sebastian Joy的堅定支持，我不可能完成本書，他的洞見、幽默、鼓勵與照顧，讓我不斷茁壯、想法源源不絕，去克服寫作時的各種挑戰。

附錄一

需求清單

下列清單顯示出我們在關係裡常見的需求，當然它還不夠完整。跟你的伴侶或家人從中挑選出各自的首要需求，然後相互比對，就可以更了解彼此。討論看看，哪些行為可滿足各自的需求。比方你希望被重視，那就要對方具體告訴你，他喜歡你哪一點，你有哪些無可比擬的特點。

- 接納
- 讚美
- 鍾愛
- 感謝
- 歸屬

- 親近
- 陪伴
- 慈愛
- 同理
- 被需要

- 受到獨一無二的重視
- 工作受到肯定
- 價值感
- 自由
- 樂趣
- 成長
- 幽默
- 親密
- 愛
- 照顧
- 開誠布公的溝通
- 生活規律
- 活在當下
- 依靠

- 尊重
- 安心感與安全感
- 性滿足（覺得自己有吸引力、有渴望的對象以及性愉悅）
- 空間
- 自動自發
- 安穩
- 支持
- 相互理解
- 生活重心
- 被需要
- 碰觸
- 信任
- 溫暖

附錄二

衝突案例與衝突連鎖分析表

與阿明開始交往時，瑞秋清楚表明自己不喜歡跟抽菸的人過一輩子。阿明已經是十幾年的老菸槍，也沒人逼他要改變，但現在他願意為了瑞秋、為了自己的健康戒菸看看。

然而，交往三年來，阿明戒菸好幾次，但每次只能維持幾個星期。只要一故態復萌，他與瑞秋的緊張關係就更加嚴重。

為了這個問題，阿明與瑞秋開始諜對諜。他們很有默契，不直接點出問題，若無其事繼續生活。阿明會找地方躲起來抽菸，瑞秋則是從對方的身體或衣物找尋菸味。兩人不想直接討論這個問題，擔心吵起來就沒完沒了，甚至吵到分手。

有天，阿明晚上與朋友聚餐，很晚才回到家：

瑞秋：「聚餐愉快嗎？」（真心想要知道阿明是否玩得開心，但也有點憂慮，擔心他一開心又忍不住哈草。)

阿明一臉不耐煩，正在找他的拖鞋：「不錯啊，看到佛瑞與胡科真開心，好久沒看到他們了。」

瑞秋：「你們去哪聚餐？」(努力避免盤問的口氣，希望阿明沒去什麼不良場所。雖然不知道也好，但她心知肚明，此後心裡一定會掛念這件事情。)

阿明：「我們怕到市區會塞車，所以只在公司附近的餐廳吃飯。」(心情有點煩悶，沒注意到瑞秋其實有點不高興。)

瑞秋稍微放心一下，那是間舒適的家庭式餐廳，附近也沒有酒吧，阿明應該沒有跟朋友去續攤喝酒又抽菸，於是再問：「只有吃飯聊聊天？」

阿明注意到瑞秋起了疑心，知道對方想套出的答案：「是啊！去那家餐廳還能幹嘛？老友碰面，點了一些小菜敘敘舊。」(想趕快結束話題，其實他們那晚喝了好幾手啤酒，他還忍不住抽了一根菸。)

瑞秋注意到了阿明用敷衍的口氣在應付，於是她主動出擊：「那家餐廳在賣什麼我當然知道，但你為何一副遮遮掩掩的樣子？」

阿明一聽就不高興，覺得被責備了：「我有什麼好隱瞞的！不然妳在懷疑什麼？我一進門都還沒穿上拖鞋，妳就問個不停，像拷問犯人一樣，要我一五一十地交待今晚的所有行為。」

既然阿明翻臉了，瑞秋也不客氣了。她覺得對方態度這麼差，一定是做了不該做的事：「為何每次你都惱羞成怒，把問題歸咎到我身上？剛剛如果你好好講話，不要一臉不耐煩的樣子，我就不會問那麼多。」

衝突連鎖分析表

造成衝突的因素	瑞秋	
需求有衝突 雙方的行為 基本情緒或生理狀態引起的情緒 內心的小劇場	**內心的小劇場** 阿明在外聚餐的時候應該有抽菸。他無法遵守對我的承諾，也不能自我克制，我又何必尊重他。	**感受** 我看不慣阿明的行為，認為他一定有所隱瞞，這個人不可信任。我對他開始產生疏離感；一方面焦慮不安，另一方面又覺得很生氣。

衝突連鎖分析表

阿明

防禦策略

為了解除焦慮，不斷詢問阿明的行蹤：「你們去哪聚餐？」、「只是有吃飯聊天」。並暗自希望對方能說，他沒有去酒吧，也絕對沒有抽菸。

←（回應阿明的小劇場）

內心的小劇場

我心想，只抽了半根菸，那算不上有抽菸。但瑞秋太大驚小怪了，好像我抽掉一整包菸那樣，一直把我當成罪犯。她不了解我多麼努力在戒菸，所以根本不值得對她交代實情。這種拷問的態度，證明了她就是個控制狂，還把我當成意志不堅、禁不起誘惑又愛說謊的爛人。

←

感受

我覺得自己的努力沒被看見，也沒得到鼓勵，又被對方指責是軟弱又不誠實的人，還被迫承認有抽菸。還覺得瑞秋有控制狂，於是升起防衛心。我既憤怒又焦慮，一方面被逼著自白，一方面又怕抽菸被發現後，瑞秋就會失望至極。可想而知，下次一定又會為了同樣的事情吵架。其實，我也有些微的罪惡感，明明下定決心，最後還是忍不住抽菸了。

←

防禦策略

為了避免衝突，我只能轉移話題。我沒辦法坦白說出晚餐喝了好幾罐啤酒，還偷抽了一根菸。我不想為抽菸的事吵架，所以只好敷衍說：「是啊！去那家餐廳還能幹嘛？老友碰面，點了一些小菜敘敘舊。」我甚至惱羞成怒：「我有什麼好隱瞞的！不然妳在懷疑什麼？我一進門都還沒穿上拖鞋，妳就問個不停，像拷問犯人一樣，要我一五一十地交代今晚的所有行為。」

←（回應瑞秋的小劇場）

衝突連鎖的解法

造成衝突的因素	瑞秋			
需求有衝突 雙方的行為 基本情緒或生理狀態引起的情緒 內心的小劇場 →	**內心的小劇場**：阿明在外聚餐的時候應該有抽菸。他無法遵守對我的承諾，也不能自我克制，我又何必尊重他。 →	**感受**：我看不慣阿明的行為，認為他一定有所隱瞞，這個人不可信任。我對他開始產生疏離感；一方面焦慮不安，另一方面又覺得很生氣。 →	**防禦策略**：為了解除焦慮，我不斷詢問阿明的行蹤：「你們去哪聚餐？」、「只是有吃飯聊天」。並解暗自希望對方能說，他沒有去酒吧，也絕對沒有抽菸。 →	（回應阿明的小劇場）
	↑	↑	↑	
	修正劇情：我知道阿明有在試著戒菸，他難免會犯錯，但又不是什麼十惡不赦的罪行。他跟朋友一起抽了幾根菸，不代表他又變回了大菸槍，不能抹煞他戒菸的努力。我也發現自己越來越敏感，老是要把他想成是軟弱且不值得信任的人。我要好好想一下他做過哪些堅強與值得信任的事。	**舒緩感受**：我留意到自己焦慮、忿怒與批判的態度，我現自己的情緒被觸發了。我要觀察這些情緒，避免自己的行為被它們支配。我知道自己被情緒淹沒時，想法會非常扭曲，會反應過度。因此，我現在不應該判定阿明是怎樣的人，也不用猜想感情出了什麼問題。	**卸下防禦**：我可以直接表達內心的感受：「我知道，你不想要我我咄咄逼人，也會覺得我好像控制狂。但一想到你抽菸，我就會焦慮，因為我真的很重視你的健康。其實你可以坦白告訴我，這樣我就不會一直懷疑，想找出答案。我們必須好好談這個問題，看能否達成共識，那麼彼此就會比較安心，還能保護我們的安全感與連結感。」	

阿明

內心的小劇場：我心想，只抽了半根菸，那算不上有抽菸。但瑞秋太大驚小怪了，好像我抽掉一整包菸那樣，一直把我當成罪犯。她不了解我多麼努力在戒菸，所以根本不值得對她交代實情。這種拷問的態度，證明了她就是個控制狂，還把我當成意志不堅、禁不起誘惑又愛說謊的爛人。

→

感受：我覺得自己的努力沒被看見，也沒得到鼓勵，又被對方指責是軟弱又不誠實的人，還被迫承認有抽菸。還覺得瑞秋有控制狂，於是升起防衛心。我既憤怒又焦慮，一方面被逼著自白，一方面又怕抽菸被發現後，瑞秋就會失望至極。可想而知，下次一定又會為了同樣的事情吵架。其實，我也有些微的罪惡感，明明下定決心，最後還是忍不住抽菸了。

→

防禦策略：為了避免衝突，我只能轉移話題。我沒辦法坦白說出晚餐喝了好幾罐啤酒，還偷抽了一根菸。我不想為抽菸的事吵架，所以只好敷衍說：「是啊！去那家餐廳還能幹嘛？老友碰面，點了一些小菜敘敘舊。」我甚至惱羞成怒：「我有什麼好隱瞞的！不然妳在懷疑什麼？我一進門都還沒穿上拖鞋，妳就問個不停，像拷問犯人一樣，要我一五一十地交代今晚的所有行為。」

→（回應瑞秋的小劇場）

修正劇情：我知道瑞秋越來越焦躁，想知道自己到底有沒有抽菸。這問題對她來說很敏感，我也明白，對方就是情緒有波動，才會這樣問東問西。我當然不喜歡被這樣盤問，但確實可以理解對方的動機。畢竟，我自己承諾過好幾次要戒菸，但沒多久又故態復萌。我很清楚，瑞秋不是故意指責、控制我，讓我下不了臺，而是關心我的健康。所以等到兩人心平氣和的時候，再來討論戒菸的問題，看看能不能找其他的共識。

舒緩感受：我覺察到自己開始採取防禦姿態，只要一受到指責或是被控制，我就會渾身不對勁。只要對方一懷疑我抽菸，這感受總是會浮現。一定得找個時間與瑞秋好好討論這個問題，才不會一直在原地打轉。目前我所能做的，就是不要被防禦機制牽著走，更不要對瑞秋說難聽的話，甚至是轉身離開。

卸下防禦：我可以直接說出感受，而不需要轉移話題：「妳剛才問我說，我們是否只是單純吃飯。但我覺得妳這樣問，似乎在探聽我有沒有偷抽菸。這樣我一定會升起防衛心。妳好像也有點情緒，但也許是我多慮了。不論如何，我知道這對彼此來說都是個敏感的問題。事實上，我抽了半根菸，我想妳應該會很不高興吧？我們好好談談，設法找出兩人都能接受的共識。以後妳不會再焦慮，懷疑我是否抽菸又欺騙妳。我也不需要再遮遮掩掩，以為妳又要盤問或指責我。」

附錄三 衝突連鎖分析表

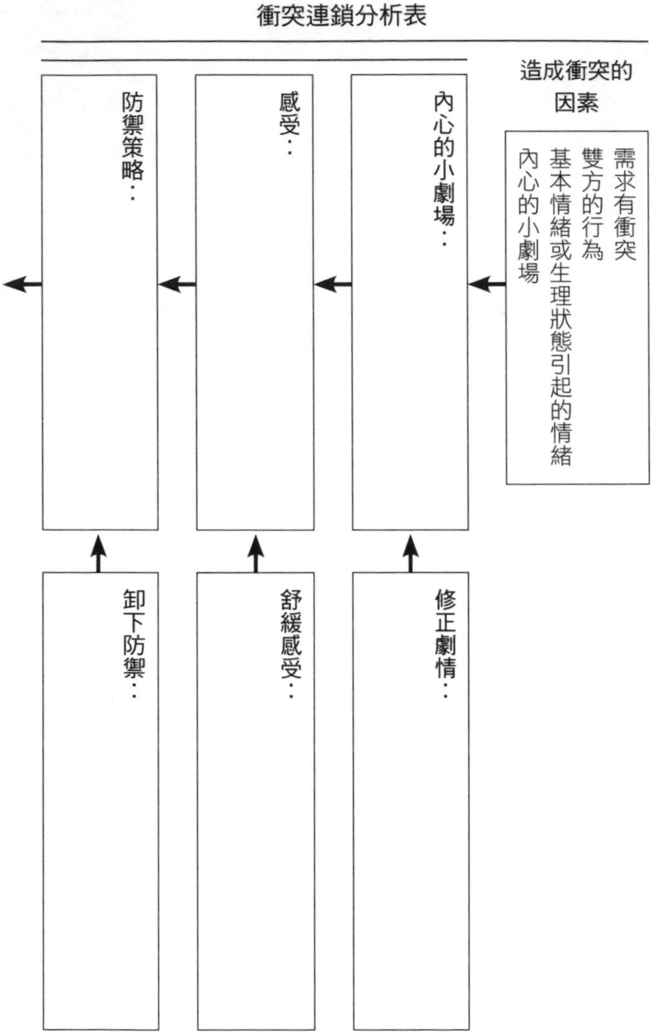
衝突連鎖分析表
造成衝突的因素
需求有衝突
雙方的行為
基本情緒或生理狀態引起的情緒
內心的小劇場
內心的小劇場：
感受：
防禦策略：
修正劇情：
舒緩感受：
卸下防禦：

附錄四

衝突連鎖練習題

以下問題是為了幫助你釐清自己的衝突連鎖模式，進而找到緩解的辦法。這些問題回答越多越有幫助，但不需要有壓力，它們只是用來找出方向，幫助你更深入了解衝突的成因，並客觀反省自己的作為。

1. 衝突的引爆點是哪件事情，哪個環節出了問題？也許是爭論已久的議題，也有可能是腦中突然閃現的想法，或發現跟對方的連結感開始消失。

2. 在這個因素出現之前，你們發生了哪些事情？那些想法跟疏離的感覺從何而來。是否仍為了上次爭吵而忿忿不平？

3. 回溯衝突連鎖的源頭，找出造成分裂的因素以及最初的觸發點。看看彼此的需求是否有衝突，或是不滿對方的行為，或是有人的基本情緒或身體狀況不佳，或是內心的小劇場太過負面。你不一定能找出所有的因素，量力而為就好。

4. 你的內心小劇場怎麼描述這場衝突？你怎麼解釋衝突的諸多起因？

5. 你的內心小劇場是否符合現實、是否奠基於事實？禁得起嚴謹的分析嗎？有沒有辦法從其他的角度去解釋這次衝突？

6. 你在內心小劇場的煽動下做了哪些行為？是否一味批評對方？或是退縮不想面對？你有努力嘗試與對方討論問題嗎？

7. 上述的行為對對方造成了哪些影響？如果你不確定，可以設身處地想想看，他會有什麼樣的反應與感受。

8. 你做了那些行為後，你猜對方會怎麼想，他們會上演哪種內心小劇場？

9. 那段劇情會給他們帶來哪些感受？

10. 請描述對方現在的樣子。找出一至五項對方的特質或行為，用你的角度詳細描述它。你可以把他想像成某個特色鮮明的卡通人物，因為我們在評斷他人時，總是會誇大他的某些面向。

11. 這些描述是奠基於哪些客觀資訊或事實？

12. 根據這些證據，去找出你描述中不符合事實的部分。並找出具體的例子，推翻那些錯誤的成見。

13. 你所列舉出的特質或行為，當中是否有正面的特質或元素，是否可以換個角度去理解它們？例如，假設你認為伴侶「冷漠」或「沒有同情心」，換個角度想，在有些會讓人情緒化、過於激情的情境中，他反而能夠保持理性與客觀。

14. 發生衝突時，探索你跟對方的內心小劇場，看看彼此內心深處有哪些恐懼？例如你常對自己說，兩人對社會議題的立場不同，對方持那種看法，證明他是個自私的人。其實你是害怕會被對方拋棄，分開後會感到孤獨與難過。

15. 你怎麼描述現在的自己？想想看哪方面你表現得比較好，哪方面較差？

16. 試圖從這些描述中找出內心深處的恐懼？如果你覺得自己是個意見多又難以滿足的人，那你應該不大敢對人提出要求，因為會怕被拒絕或排擠。

17. 哪些人事物能讓你感受到安全感與連結感？有些人需要對方一再表達愛意，而有些人需要對方有具體行為才能安心。

Ratey, *Driven to Distraction* (New York: Anchor Books, 2011)；以及Edward M. Hallowell and Susan George Hallowell, with Melissa Orlov, *Married to Distraction* (New York: Ballantine Books, 2010)。

14. 關於創傷以及它如何影響人際關係，請見Bessel van der Kolk, *The Body Keeps the Score* (New York: Penguin, 2014)以及Judith Herman, *Trauma and Recovery: The Aftermath of Violence—from Domestic Abuse to Political Terror* (New York: Basic Books, 1997)。
15. 成癮症如何影響人際關係，以及在復原期間如何達成健康的人際互動，請參閱Earnie Larsen, *Stage II Recovery: Life beyond Addiction* (San Francisco: HarperOne, 2009)。

第九章

1. 寧靜禱文通常被認定為美國神學家Reinhold Niebuhr所創。
2. 關於ACT，請參見Matthew McKay, Patrick Fanning, Abigail Lev, and Michelle Skeen, *The Interpersonal Problems Workbook* (Oakland, CA: New Harbinger, 2013)。
3. Andrew Christensen, Brian D. Doss, and Neil S. Jacobson, *Reconcilable Differences: Rebuild Your Relationship by Rediscovering the Partner You Love—without Losing Yourself*, 2nd ed. (New York: Guilford Press, 2014).
4. 要完整理解原諒的心理過程，請參見Desmond Tutu, *The Book of Forgiving: The Fourfold Path for Healing Ourselves and Our World* (San Francisco: HarperOne, 2015)。
5. 關於拒絕改變以及如何改變，全面性的解釋請參見Christensen, Doss, and Jacobson, *Reconcilable Differences*。
6. 對大多數人而言，不會期待做出改變的一方去弭平彼此的差異處，因為那些人有較高的社會權力。他們都是優勢社會群體的一員，更何況那個改變本身反映出了此群體的地位。在關係中擁有多少權力，會大大影響我們對彼此的期待，以及決定我們想改變的意願。
7. Thomas H. Maugh II, "Study's Advice to Husbands: Accept Wife's Influence," *Los Angeles Times*, February 21, 1998, https://www.latimes.com/archives/la-xpm-1998-feb-21-mn-21412-story.html
8. Lundy Bancroft. *Why Does He Do That? Inside the Minds of Angry and Controlling Men* (New York: Berkley Books, 2003).
9. Shaul Oreg, "Resistance to Change: Developing an Individual Differences Measure," *Journal of Applied Psychology* 88, no. 4 (2003): 680–693; Nathan Hudson and Brent Roberts, "Goals to Change Personality Traits: Concurrent Links between Personality Traits, Daily Behavior, and Goals to Change Oneself," *Journal of Research in Personality* 53 (December 2014): 68–83.
10. 成癮症的生物因素並非不重要，相反地，上癮者的舒適感就是它們造成的。
11. Christensen, Doss, and Jacobson, *Reconcilable Differences.*
12. 沮喪感對人際關係所造成的影響，請見Anne Sheffield, *Depression Fallout: The Impact of Depression on Couples and What You Can Do to Preserve the Bond* (New York: William Morrow Paperbacks, 2009)。
13. 針對ADHD以及其對人際關係所造成的影響，請參見Edward M. Hallowell and John J.

9. Stan Tatkin, *Wired for Love: How Understanding Your Partner's Brain and Attachment Style Can Help You Defuse Conflict and Build a Secure Relationship* (Oakland, CA: New Harbinger, 2012).
10. *Ruth A. Baer, Mindfulness-Based Treatment Approaches: Clinician's Guide to Evidence Base and Applications* (San Diego: Elsevier Science, 2014.)
11. Christensen, Doss, and Jacobson, *Reconcilable Differences.*
12. Mira Kirshenbaum, *Too Good to Leave, Too Bad to Stay: A Step-by-Step Guide to Help You Decide Whether to Stay in or Get out of Your Relationship* (New York: Penguin, 1996).
13. Marcia Naomi Berger, *Marriage Meetings for Lasting Love: 30 Minutes a Week to the Relationship You've Always Wanted* (Novato, CA: New World Library, 2014).

第八章

1. Matthew McKay, Martha Davis, and Patrick Fanning, Messages: *The Communication Skills Book*, 3rd ed. (Oakland, CA: New Harbinger, 2009). 另一本針對有效溝通的優秀著作乃Kerry Patterson, Joseph Grenny, Ron McMillan, and Al Switzler, *Crucial Conversations: Tools for Talking When Stakes Are High*, 2nd ed. (New York: McGraw-Hill Education, 2011).
2. 要如何分辨與表達感受，參見Marshall B. Rosenberg, *Nonviolent Communication: A Language of Life* (Encinitas, CA: Puddeldancer Press, 2015)。
3. Terrence Real, *The New Rules of Marriage* (New York: Ballantine Books, 2008).
4. Daniel Goleman, *Emotional Intelligence* (New York: Bantam Books, 2005)。
5. McKay, Davis, and Fanning, *Messages.*
6. Kaethe Weingarten, *Common Shock: Witnessing Violence Every Day* (New York: Dutton, 2003).
7. McKay, Davis, and Fanning, *Messages.*
8. Susan Campbell and John Grey, *Five-Minute Relationship Repair: Quickly Heal Upsets, Deepen Intimacy, and Use Differences to Strengthen Love* (Novato, CA: New World Library, 2015).
9. 判讀以及重新建構你的自我對話，請參見David Burns, *Feeling Good: The New Mood Therapy* (New York: Avon Books, 1980)。

8. Jonathan Haidt, *The Righteous Mind: Why Good People Are Divided by Politics and Religion* (New York: Vintage Books, 2013)。
9. Ellie Lisitsa, "The Four Horsemen: Contempt," Gottman Institute, 2013, https://www.gottman.com/blog/the-four-horsemen-contempt/.
10. Dylan Selterman, "Motivations for Extradyadic Infidelity Revisited," *Journal of Sex Research* 15 (2017): 1–14.
11. Haidt, *Righteous Mind*.

第七章

1. 要如何理解與處理衝突敘事，請參見Andrew Christensen, Brian D. Doss, and Neil S. Jacobson, *Reconcilable Differences: Rebuild Your Relationship by Rediscovering the Partner You Love—without Losing Yourself*, 2nd ed. (New York: Guilford Press, 2014). Also see Howard J. Markman, Scott M. Stanley, and Susan L. Blumberg, *Fighting for Your Marriage*, 3rd ed. (San Francisco: Jossey-Bass, 2010)。
2. 過多的信念與期待會導致有問題的敘事，且當事人往往察覺不到信念，參見Charlie Bloom and Linda Bloom, *Happily Ever After . . . and 39 Other Myths about Love: Breaking through to the Relationship of Your Dreams* (Novato, CA: New World Library, 2016)。
3. Jeffrey E. Young and Janet S. Klosko, *Reinventing Your Life: The Breakthrough Program to End Negative Behavior . . . and Feel Great Again* (New York: Penguin, 1993).
4. 分辨自我與他人基模，改變你的衝突模式，請參見Matthew McKay, Patrick Fanning, and Kim Paleg, *Couple Skills: Making Your Relationship Work* (Oakland, CA: New Harbinger, 2006)。
5. John Gottman, *What Makes Love Last? How to Build Trust and Avoid Betrayal* (New York: Simon & Schuster, 2012).
6. 情緒被觸發時該怎麼辦，又該如何面對衝突，參見Christensen, Doss, and Jacobson, *Reconcilable Differences*。情緒過敏一詞乃Lori H. Gordon所創。參見她的文章"Intimacy: The Art of Relation- ships," *Psychology Today* (December 31, 1969).
7. 更深入了解情緒為何會被觸發，參見Susan Campbell and John Grey, *Five-Minute Relationship Repair: Quickly Heal Upsets, Deepen Intimacy, and Use Differences to Strengthen Love* (Novato, CA: New World Library, 2015).
8. Campbell and Grey, *Five-Minute Relationship Repair*.

1983), 102–112.
8. 外向的人並非真正的社會權力階級，要詳細解釋的話很複雜，已超出本書範圍。不過，外向者與社會權力階級有許多共同的特質，可以當作例證參考說明。
9. Richard Schwartz, *Internal Family Systems Therapy, Guilford Family Therapy Series* (New York: Guilford Press, 2013).
10. 為了在生活中體會與應用這種方法，請參見Jay Earley, *Self-Therapy: A Step-by-Step Guide to Creating Wholeness and Healing Your Inner Child Using IFS, a New, Cutting-Edge Psychotherapy* (Larkspur, CA: Pattern System Books, 2010)。
11. 你可以在http://www.harrietlerner.com/閱讀到更多Lerner's Dance的系列叢書。
12. Earnie Larsen, *Stage II Recovery: Life beyond Addiction* (San Fran- cisco: HarperOne, 2009).

第六章

1. Colin G. DeYoung, Jacob B. Hirsh, Matthew S. Shane, Xenophon Papademetris, Nallakkandi Rajeevan, and Jeremy Gray, "Testing Predictions from Personality Neuroscience: Brain Structure and the Big Five," *Psychological Science 21*, no. 6 (2010): 200–208; and Patrick Sharpe, Nicholas R. Martin, and Kelly A. Roth, "Optimism and the Big Five Factors of Personality: Beyond Neuroticism and Extraversion," *Personality and Individual Differences* 51, no. 8 (2011): 946–951。
2. 有些研究對MBTI的正確性提出質疑，然而該系統的確是有用的理論架構，幫助我們更理解個性間的差異。
3. 為了深入了解Enneagram與MBTI，參見www.enneagraminstitute.com以及www.16personalities.com。
4. Gary Chapman, *The Five Love Languages: The Secret to Love That Lasts* (Chicago: Northfield, 1992)。
5. 可在Stan Tatkin的網頁查看他的著作：stantatkin: Psychobiological Approach to Couple Therapy, https://stantatkin.com。
6. Amir Levine, *Attached: The New Science of Adult Attachment and How It Can Help You Find— and Keep—Love* (New York: TarcherPerigee, 2012); and Stan Tatkin, *Wired for Love: How Understanding Your Partner's Brain and Attachment Style Can Help You Defuse Conflict and Build a Secure Relationship* (Oakland, CA: New Harbinger, 2012)。
7. 此項概念長久以來被用來描述心理狀態，但其來源依舊不可考。

thehotline.org/is-this-abuse/; "Get Help," Women against Abuse (US), http://www.womenagainstabuse.org/get-help; "International Helplines," Together We Are Strong (international), http://togetherwearestrong.tumblr.com/helpline; "Domestic Violence and Abuse," Citizens Advice (UK), https://www.citizensadvice.org.uk/family/gender-violence/domestic-violence-and-abuse/.

18. 此圖表與Linda Harding以及Elizabeth Sparks所提出的「連結之連續性」有所重疊。參見http://www.humiliationstudies.org/whoweare/linda/pdf/relationalworkplace.pdf。
19. 更多資訊請參見Melanie Joy, *Beyond Beliefs: A Guide to Improving Relationships and Communication for Vegans, Vegetarians, and Meat Eaters* (Brooklyn, NY: Lantern Books, 2018)。
20. Real, *New Rules of Marriage.*
21. Randy J. Paterson, *The Assertiveness Workbook* (Oakland, CA: New Harbinger, 2000)。

第五章

1. 這種類比法會廣為流行，要歸功於系統心理學家Harriet Lerner，請參閱 *The Dance of Anger: A Woman's Guide to Changing the Patterns of Intimate Relationships* (New York: HarperCollins, 1985)。
2. Melanie Joy, *Powerarchy: Understanding the Psychology of Oppression for Social Transformation* (Oakland, CA: Berrett-Koehler, 2019).
3. 這些系統也被稱作「特權系統」以及「壓迫系統」。參見*Allan G. Johnson, Privilege, Power, and Difference*, 3rd ed. (New York: McGraw-Hill Education, 2017)。
4. Ana Guinote and Theresa K. Vescio, eds., *The Social Psychology of Power* (New York: Guilford Press, 2010)。
5. E.J.R. David and Annie O. Derthick, *The Psychology of Oppression* (New York: Springer, 2017); 以及Johnson, *Privilege, Power, and Difference*。
6. Lynn Smith-Lovin and Charles Brody, "Interruptions in Group Discussions: The Effects of Gender and Group Composition," American Sociological Review 54, no. 3 (June 1989): 424–435.
7. Candice West and Don H. Zimmerman, "Small Insults: A Study of Interruptions in Cross-Sex Conversations between Unacquainted Persons," in *Language, Gender and Society*, ed. Barrie Thorne, Cheris Kramarae, and Nancy Henley Rowley (New York: Newbury House,

Publishing, 2012)。

8. Eleanor Payson, *The Wizard of Oz and Other Narcissists: Coping with the One-Way Relationship in Work, Love, and Family* (Royal Oak, MI: Julian Day, 2002); Cynthia Zayn, *Narcissistic Lovers: How to Cope, Recover and Move On* (Far Hills, NJ: New Horizon Press, 2007); Martha Stout, *The Sociopath Next Door* (New York: Harmony Books, 2006); Jon Ronson, *The Psychopath Test: A Journey through the Madness Industry* (New York: Riverhead Books, 2011).
9. 這類權力失衡是「不公平的」，它們並非常見的自然權力失衡，例如父母與孩子。
10. 參見例如Ana Guinote and Theresa K. Vescio, eds., *The Social Psychology of Power* (New York: Guilford Press, 2010)。
11. 如前述指出，絕大多數人習慣單方面去判定事實，那是社會常見的現象，從小到大我們所學的也是如此。努力去改變這個習慣很重要，也不用太苛責自己，也不用太擔憂自己過去的行為有造成哪些潛在的負面影響。孩子通常比我們想像的還更有韌性，能自己發現事實。
12. Lundy Bancroft, *Why Does He Do That? Inside the Minds of Angry and Controlling Men* (New York: Berkley Books, 2003).
13. 參見Terrence Real, *How Can I Get through to You?* (New York: Scribner, 2003); 以及Terrence Real, The New Rules of Marriage (New York Ballantine Books, 2008)。
14. 參見例如Russell P. Dobash, R. Emerson Dobash, Margo Wilson, and Martin Daly, "The Myth of Sexual Symmetry in Marital Violence," *Social Problems* 39, no. 1 (1992): 71–91, doi: 10.2307/3096914; and Joan Zorza, "What Is Wrong with Mutual Orders of Protection?" *Family and Intimate Partner Violence* 1, no. 2 (2008): 127–134。
15. "Violence against Women," World Health Organization, 2017, https://www.who.int/newsroom/fact-sheets/detail/violence-against-women; and Suzanne Swan, Laura Gambone, Jennifer Caldwell, Tami Sullivan, and David Snow, "A Review of Research on Women's Use of Violence with Male Intimate Partners," *Violence and Victims* 23, no. 3 (2008): 301–314, https://www.ncbi.nlm.nih.gov/pmc/articles/PMC2968709/#.
16. 參見Judith Herman, *Trauma and Recovery: The Aftermath of Violence— From Domestic Abuse to Political Terror* (New York: Basic Books, 1997); and Bessel van der Kolk, *The Body Keeps the Score: Brain, Mind, and Body in the Healing of Trauma* (New York: Penguin, 2015)。
17. "Is This Abuse? Get the Facts," National Domestic Violence Hotline (US), https://www.

Melanie Joy, *Why We Love Dogs, Eat Pigs, and Wear Cows* (San Francisco: Conari Press, 2011), 或可上網查詢www.carnism.org。

4. Rita de Castro, Augusta Gaspar, and Luís Vincente, "The Evolving Empathy: Hardwired Bases of Human and Non-Human Primate Empathy," *Psicologia 24*, no. 2 (2012): 131–152.
5. 有時人們做出一些討人厭的行為，但就算旁人提出指正，當事人還是不會立即改變。這項不代表他們毫不在乎，只是要打破存在已久的習慣需要時間，適度的額外提醒有助於改善現況。
6. 要學著更專注於當下，請參考Eckhart Tolle, *The Power of Now: A Guide to Spiritual Enlightenment* (Vancouver, BC: Namaste Publishing, 2004)。

第四章

1. 大多數的人際關係研究都沒有提到權力關係，除了關係－文化理論。推薦讀者研讀Rik Rushton, *The Power of Connection* (Hoboken, NJ: Wiley, 2017)。
2. 有些控制行為是正常的，如父母管教孩子，但本章所提到的控制行為都是出現在不正常的權力關係中。
3. 我在此所描述的權力模式，是參考社會學研究中的宰制概念與功能主義模式，包含由Mary Parker Follett所提出的各項概念，他創造出以權力壓制對方（power over）與以權力幫助對方（power with）這兩個詞彙。亦包含Kenneth Boulding與Jean Baker Miller的學術成果。參見Mary P. Follet, *Dynamic Administration: The Collected Papers of Mary Parker Follet*, ed. Elliot M. Fox and L. Urwick (London: Pitman, 1940); Kenneth E. Boulding, *Three Faces of Power* (Newbury Park, CA: Sage, 1989); and Jean B. Miller, *Toward a New Psychology of Women* (Boston: Beacon Press, 1987)。
4. Donna Hicks, *Dignity: Its Essential Role in Resolving Conflict* (New Haven, CT: Yale University Press, 2013).
5. Dacher Keltner, *The Power Paradox: How We Gain and Lose Power* (New York: Penguin, 2016).
6. 目前主流觀念認為，這些失調在某程度上來自於基因問題，也可能導因於早期的童年創傷。筆者並非認為有這些障礙的人是「不好的」或「有缺陷的」，而是試圖要解釋，這些症狀會對權力關係造成哪些影響。這麼一來，讀者就能提早預防有潛在危險的人際關係。
7. 參見Ronald Schouten and James Silver, *Almost a Psychopath* (Center City, MN: Hazelden

例來說，情緒連結的程度不高，性的連結感也大多不高。然而，性連結感程度是有賴於諸多要素，例如你的性需求、性經驗、身體狀況以及伴侶間的性契合程度。如果伴侶間各方面連結都很深，但卻在性連結感不足，建議去尋求性治療師的協助。

7. 要理解各種驅動要素，以及在它們在人際關係如何產生作用，請參考Harville Hendrix, *Getting the Love You Want: A Guide for Couples* (New York: Henry Holt, 2007)。
8. Sue Johnson, *Hold Me Tight: Seven Conversations for a Lifetime of Love* (New York: Little, Brown, 2008).
9. Brené Brown, *Daring Greatly* (New York: Avery/Penguin, 2012). 亦可參看Brown在TED的演講，標題為 "The Power of Vulnerability," https://www.ted.com/talks/brene_brown_on_vulnerability。
10. 參見John Gottman and Joan DeClaire, *The Relationship Cure: A Five-Step Guide to Strengthening Your Marriage, Family, and Friendships* (New York: Harmony Books, 2001)。
11. Zach Brittle, "Turn Towards Instead of Away" (blogpost), Gottman Institute, April 1, 2015, https://www.gottman.com/blog/turn-toward-instead-of-away/; John Gottman, *The Seven Principles for Making Marriage Work* (New York: Harmony Books, 1999).
12. Anik Debrot, "Deeds Matter: Daily Enacted Responsiveness and Intimacy in Couples' Daily Lives," *Journal of Family Psychology* 26, no. 4 (2012): 617–627.
13. 參見Dorothy Tennov, Love and Limerence: The Experience of Being in Love (Lanham, MD: Rowman & Littlefield, 1998)。
14. 要了解關係成癮以及連帶的扭曲想法，請參見Abraham Twerski, *Addictive Thinking: Understanding Self-Deception* (Center City, MN: Hazelden Publishing, 1997)。
15. 分辨與表達出各種需求及感受，請見Marshall B. Rosenberg, *Nonviolent Communication: A Language of Life* (Encinitas, CA: Puddledancer Press, 2015)。

第三章

1. 參見Jonathan Haidt, *The Righteous Mind: Why Good People Are Divided by Politics and Religion* (New York: Vintage Books, 2013)。
2. Leanne M. Olson, "The Relationship between Moral Integrity, Psychological Well-Being, and Anxiety," *Research Gate* (2018), https://www.researchgate.net/publication/253721606_the_relationship_between_moral_integrity_phsychological_well-being_and_anxiety.
3. 為何我們被迫失去天生的同理心，還對某些動物失去同情心，這個過程請參見

注釋

第一章

1. Liz Mineo, "Good Genes Are Nice, but Joy Is Better," Harvard Gazette 2017, https://news.harvard.edu/gazette/story/2017/04/over-nearly-80-years-harvard-study-has-been-showing-how-to-live-a-healthy-and-happy-life/; Robert Waldinger, "What's Love Got to Do with It? Social Functioning, Perceived Health, and Daily Happiness in Married Octogenarians," *Psychology and Aging* 25, no. 2 (2010): 422–431.
2. 在本書中，練習指涉的是技能與方法，這三個詞彙在全書中會廣泛地交互使用，以增進文本的流暢度。
3. 此處我指的是正式的學校教育，而非從職涯教練或自助書籍中得到的一般指引。

第二章

1. 針對情感的兩項有益資源分別為Amir Levine, *Attached: The New Science of Adult Attachment and How It Can Help You Find-and Keep-Love* (New York: Tarcher Perigee, 2012);以及 Stan Tatkin, *Wired for Love: How Understanding Your Partner's Brain and Attachment Style Can Help You Defuse Conflict and Build a Secure Relationship* (Oakland, CA: New Harbinger, 2012)。
2. 友善與公平也會被視為慈愛與正義，這些詞彙在本書中會交互使用。
3. Mira Kirshenbaum, *I Love You but I Don't Trust You: The Complete Guide to Restoring Trust in Your Relationship* (New York: Berkley Books, 2012).
4. 在健全的人際關係中連結感所扮演的角色，乃關係－文化理論（RCT）的核心關注，其中絕大部分由來自於Wellesley College Stone Center的Jean Baker Miller、Judith V. Jordan、Janet Surrey、Irene Stiver等人所發展出來。
5. 人際關係專家傾向於探究四到六項連結感範疇；我對其中某些類別進行調整，才能釐清當中的細微差別。
6. 在愛情關係中，我們對於性的連結感有多深，往往反映出在其他面向的連結感。舉

關係免疫力：哈佛心理學家教你建立有韌性的人際關係，有效修復情感裂縫
梅樂妮．喬伊（Melanie Joy）著；梁郁萍、劉宗為譯.
-- 初版. -- 臺北市：時報文化出版企業股份有限公司，2021.02；面；14.8×21公分. --（人生顧問）--
譯自：Getting relationships right : how to build resilience and thrive in life, love, and work
978-957-13-8598-3（平裝） 1.人際關係 2.安全感 3.溝通技巧
177.3 110000714

人生顧問 CFH0411

關係免疫力：哈佛心理學家教你建立有韌性的人際關係，有效修復情感裂縫

Getting Relationships Right: How to Build Resilience and Thrive in Life, Love and Work

作者 梅樂妮．喬伊｜**譯者** 梁郁萍、劉宗為
主編 郭香君｜**責任編輯** 許越智｜**責任企劃** 張瑋之｜**封面設計** 陳恩安｜**內文排版** 張瑜卿
編輯總監 蘇清霖｜**董事長** 趙政岷
出版者 時報文化出版企業股份有限公司 108019臺北市和平西路三段240號一至七樓
發行專線 (02)2306-6842｜**讀者服務專線** 0800-231-705・(02)2304-7103｜**讀者服務傳真** (02)2304-6858
郵撥 1934-4724時報文化出版公司｜**信箱** 10899臺北華江橋郵局第99信箱
時報悅讀網 www.readingtimes.com.tw｜**綠活線臉書** https://www.facebook.com/readingtimesgreenlife/
法律顧問 理律法律事務所 陳長文律師、李念祖律師
印刷 紘億彩色印刷有限公司｜**初版一刷** 2021年2月19日｜**初版三刷** 2022年6月30日
定價 新台幣380元

時報文化出版公司成立於一九七五年，並於一九九九年股票上櫃公開發行，
於二〇〇八年脫離中時集團非屬旺中，以「尊重智慧與創意的文化事業」為信念。